Berufseinstieg für Wirtschaftswissenschaftler

Hergen Riedel • Elke Pohl

Berufseinstieg für Wirtschaftswissenschaftler

2. Auflage 2016

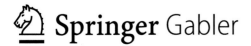

Springer Gabler

Hergen Riedel
PreCal Presse Contor im Alten Land,
Steinkirchen, Deutschland

Elke Pohl
Berlin, Deutschland

ISBN 978-3-658-08232-1
DOI 10.1007/ 978-3-658-08233-8

ISBN 978-3-658-08233-8 (eBook)

Die Deutsche Nationalbibliothek verzeichnet diese Publikation in der Deutschen National-
bibliographie; detaillierte bibliographische Daten sind im Internet über http://dnb.d-nb.de
abrufbar.

Springer Gabler
© Springer Fachmedien Wiesbaden 2014, 2016

Gedruckt auf säurefreiem und chlorfrei gebleichtem Papier.

Springer Fachmedien Wiesbaden GmbH ist Teil der Fachverlagsgruppe
Springer Science+Business Media
(www.springer.com)

Liebe Leserinnen und Leser,

wer den Prognosen für den Arbeitsmarkt 2015/2016 folgt, erkennt auch für Wirtschafts-wissenschaftler gute Berufsperspektiven: Sie finden weiter schnell nach dem Abschluss einen Job. Die Zahl der Stellen ist hoch. Die Arbeitslosenquote wird die niedrigen Vor-jahreswerte von etwa 2,5 % kaum überschreiten. 72 % der Arbeitgeber sehen für 2015 gleichbleibenden Bedarf. Und für die nächsten fünf Jahre rechnet ein Drittel der Firmen mit steigendem Bedarf. Also: Business as usal 2015? Nicht ganz: Auch die jungen (Fach-) Hochschulabsolventen der Volks- und Betriebswirtschaft erleben Veränderungen. Auf der einen Seite formulieren Unternehmen ihre Anforderungen: Der Trend zur Höherqualifizie-rung setzt sich fort. Ohne Auslandseinsatz, Praktika oder Zusatzqualifikationen bleiben Seminare an Uni oder FH eben „nur" akademisch.

Doch auch die Ziele und Einstellungen der Absolventen selbst haben sich verändert: Vor 15 Jahren galt das Wirtschaftsexamen als Ticket in die Welt der Finanzen. Doch Banken verloren an Attraktivität gegenüber Automobil- und Konsumgüterindustrie: PKW-Herstel-ler steigen in der Popularität seit 2010. Sie belegen vier der Top-5-Rangplätze. Nur noch für 7 % der deutschen Berufseinsteiger sind dagegen Banken bevorzugte Arbeitgeber, in Großbritannien sind es 40 %.

Diese Präferenzen spiegeln die öffentliche Meinung – und den Kurs des DAX – wieder: Die Konjunktur – gerade der PKW-Hersteller – sorgt für ein gutes Konsum- und Jobklima. Die EU-Wirtschafts- und Währungspolitik stärkt den dollarbezahlten Export. Niedrige Zinsen beflügeln den privaten Konsum. In vielen Bereichen sind BWLer und VWLer strategisch oder operativ tätig. Der Optimismus könnte allerdings gebremst werden durch die Schul-denkrise mancher EU-Länder – oder eine instabil werdende außenpolitische Lage.

Fern der geopolitischen Lage erlebt auch die nähergelegene, innere Einstellung einen Wandel, hört man Personalberater sagen. 2015 verstärken sich die Trends, die eine an-dere Arbeitskultur bedeuten: Es geht um Weiterbildung (auch E-Learning, Knowledge Management, Corporate Learning), dialogorientierte Führung auf Augenhöhe ohne Chef-Allüren oder die Vereinbarkeit von Familie und Beruf. Im EU-Vergleich hat das mittlere Management – hier wirkt das Gros der Wirtschaftswissenschaftler - die beste Work-Life-Balance. (Allerdings gilt es, an dieser Stelle die Anrede dieses Vorwortes zu beleuchten: Immer noch sind Ökonomen meistens Männer. Nur ein Drittel sind Frauen.)

Für einen Arbeitgeber versteckt sich damit hinter der Formulierung „Employer Branding" nichts anderes als: Wie kann ich mich als Firmenmarke aufstellen, damit ich für High Po-tentials attraktiv bin? Wie anziehend ist mein Standort? Wie erfülle ich Erwartungen, die künftige Mitarbeiter an mich herantragen? All das sind gute Bedingungen für einen Start in den Job, meint

Ihr Dr. Hergen H. Riedel

Inhalt

Vorwort —————————————————————————————— V

1 Der Arbeitsmarkt für Wirtschaftswissenschaftler —————— 1
1.1 Der Einstieg in den Beruf ————————————————— 9
1.2 Funktionsbereiche der Unternehmen ——————————— 14
1.3 Interview: Karrierecoach Robert Baric —————————— 19

2 Top-Arbeitgeber – Wer sind die Besten? ————————— 23
2.1 Trendence Graduate Barometer Deutschland 2015 –
German Business Edition ————————————————— 23
2.2 Arbeitgeberranking von WirtschaftsWoche und Universum:
Universum Student Survey 2015 ————————————— 24
2.3 Great Place to be. So urteilen die Mitarbeiter ————— 26

3 Arbeitsmarkt nach Branchen ————————————— 31
3.1 Automotive —————————————————————— 31
3.2. Bauwirtschaft ————————————————————— 36
3.3 Chemische Industrie ————————————————— 39
3.4 Energiewirtschaft ——————————————————— 42

3.5 Special Finanzdienstleistungssektor: Breites Tätigkeitsfeld mit
guten Aufstiegschancen ————————————————— 48
3.5.1 Banken als Arbeitgeber ———————————————— 48
3.5.2 Versicherungen als Arbeitgeber ——————————— 54
3.5.3 Weitere Finanzdienstleistungen ——————————— 56
3.5.4 Neue Tätigkeitsfelder in der FDL-Branche ————— 59

3.6 Informations- und Telekommunikationsindustrie ———— 63
3.7 Logistik ——————————————————————— 70
3.8 Medien ——————————————————————— 74
3.9 Nahrungs- und Genussmittel —————————————— 80

3.10 Special Konsumgüterindustrie ————————————— 86
3.10.1 Die Situation der Branche —————————————— 86
3.10.2 Aktuelle Herausforderungen ————————————— 88
3.10.3 Arbeitsmarkt und Einsatzfelder ——————————— 91
3.10.4 Einstiegsmöglichkeiten ——————————————— 92
3.10.5 Verdienstmöglichkeiten ——————————————— 95

3.11 Öffentlicher Dienst ———————————————————— 97
3.12 Pharma ————————————————————————— 102

3.13 Special Handel ——————————————————— 106
3.13.1 Die Branche im Überblick ——————————————— 106
3.13.2 Der Handel als Arbeitgeber ————————————— 109
3.13.3 Einstieg für Absolventen —————————————— 111
3.13.4 Einkommen ——————————————————— 115

3.14 Textil- und Modeindustrie ———————————————— 116
3.15 Touristik ————————————————————— 119
3.16 Personal- und Unternehmensberater ————————————— 123

3.17 Special Consulting ——————————————— 127
3.17.1 Das Berufsbild des Unternehmensberaters ——————— 127
3.17.2 Einstieg, Anforderungen und Verdienst ————————— 128
3.17.3 Selbstständigkeit —————————————————— 132
3.17.4 Struktur und Situation der Branche ——————————— 132
3.17.5 Outplacementberatung ————————————— 137
3.17.6 Inhouse Consulting —————————————— 139
3.17.7 Steuerberater ——————————————— 140
3.17.8 Wirtschaftsprüfer —————————————— 143

3.18 Werbewirtschaft ———————————————— 145
3.19 Steuerberatung und Wirtschaftsprüfung ————————— 148

4   Die wichtigsten Dos & Don'ts für Ihre Bewerbungsstrategie ——— 153

Über die Autoren ————————————————— 156

Beitragsautoren ————————————————— 156

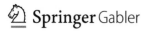
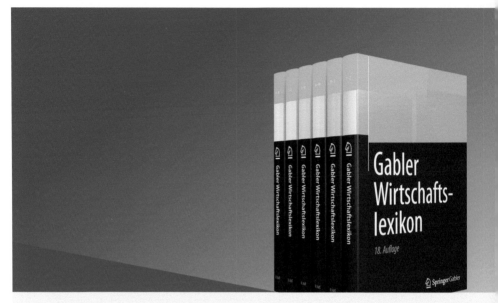

1

DER ARBEITSMARKT FÜR WIRTSCHAFTSWISSENSCHAFTLER

Deutschlands Wirtschaft und Arbeitsmarkt sind 2014 trotz geopolitischer Turbulenzen auf einen Wachstumskurs zurückgekehrt und halten eine Spitzenposition im europäischen Vergleich. Durch industrielle Wertschöpfung, Strukturreformen und Innovationspolitik ist es gelungen, sowohl Wettbewerbsfähigkeit als auch ein hohes Beschäftigungsniveau zu sichern.

Zugleich steht das Land vor erheblichen Herausforderungen: Deutschland hat im internationalen Vergleich ein geringes Investitionsniveau. Dazu sagte Wirtschaftsminister Sigmar Gabriel im „Jahreswirtschaftsbericht 2015", der im Januar 2015 erschien: „Die deutsche Wirtschaft steht vor den Herausforderungen eines beschleunigten technologischen Wandels und einer alternden Gesellschaft. Innovationen in Wirtschaft und Gesellschaft und Investitionen in die Zukunftsfähigkeit sind für Deutschland und auch für Europa daher von zentraler Bedeutung. Um diese Herausforderungen zu bewältigen und selbstbewußt in die Zukunft zu blicken, müssen wir Deutschland weiter öffnen und Barrieren abbauen."

Um diese Probleme zu lösen, müssen laut Gabriel unter anderem folgende Probleme angegangen werden:

- Die Unternehmen werden von der Bundesregierung beim digitalen Wandel begleitet.

- Es müssen Anreize für Investitionen in die Energiewende geschaffen werden.

- Zur Sicherung des Fachkräftebedarfs muss mehr in Bildung investiert werden.

- Die Europäische Wirtschafts- und Währungsunion muss gestärkt werden.

- Die Gründerdynamik muss erhöht werden, vor allem durch bessere Finanzierungsbedingungen.

- Die Finanzindustrie muss weiterhin streng reguliert werden, damit das System stabilisiert und Krisen künftig verhindert werden.

Für das Jahr 2015 geht die Bundesregierung von einer Zunahme des Bruttoinlandsprodukts von 1,5 % aus, wie im Jahr zuvor:

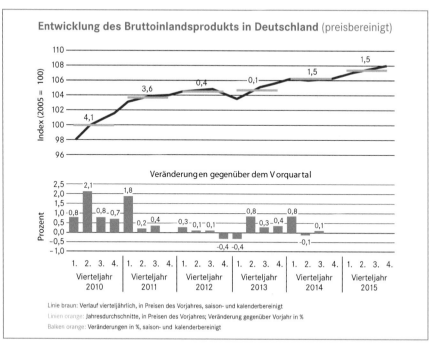

Quelle: Statistisches Bundesamt

Vor allem im Dienstleistungsgewerbe nimmt die Erwerbstätigkeit seit Jahren zu und bildet somit die Grundlage des Wachstums in Deutschland.

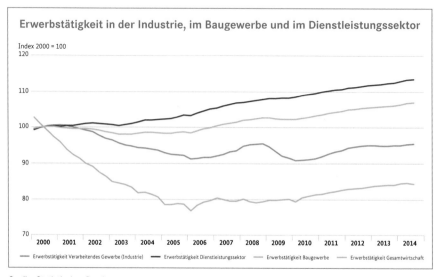

Quelle: Statistisches Bundesamt

Die günstigen Wachstums- und Gewinnaussichten der Unternehmen lassen Beschäftigung und Löhne steigen.

Was die Fachkräftesituation betrifft, hat der Deutsche Industrie- und Handelskammertag im Herbst 2014 im Rahmen seiner Konjunkturumfrage unter 27.000 Unternehmen festgestellt, dass die Lage nach wie vor angespannt ist. 38 % haben zuletzt im Fachkräftemangel ein Risiko für ihre wirtschaftliche Entwicklung in den kommenden Monaten gesehen. Das ist der Höchstwert seit Beginn dieser Fragestellung im Rahmen der DIHK-Konjunkturumfrage zu Jahresbeginn 2010. Das Gastgewerbe (63 %), die Zeitarbeit (74 %), das Ausbaugewerbe (58 %) sowie der Gesundheits- und Sozialsektor (61 %) stechen hier hervor.

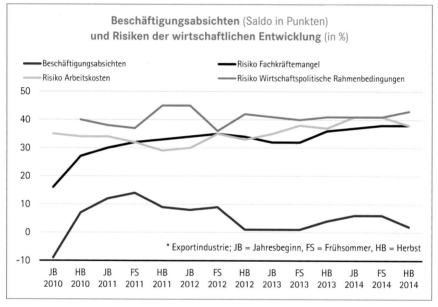

Quelle: DIHK, Oktober 2014

Gerade für viele kleine und mittelständische Unternehmen (20 bis 200 Mitarbeiter) stellt der Fachkräftemangel ein gravierendes Hemmnis der wirtschaftlichen Entwicklung dar (44 %), stellt die Konjunkturumfrage des DIHK weiter fest. Bei mittelständischen Unternehmen mit 200 bis 500 Beschäftigten hat sich das Risiko sogar noch etwas erhöht (41 %, Vorumfrage: 39 %). Sie befinden sich bei der Fachkräftesicherung im Wettbewerb mit den Großunternehmen, die sich leichter als attraktive Arbeitgeber präsentieren können. Bei den Großunternehmen schlägt das Fachkräfterisiko nun geringer zu Buche (32 %, Vorumfrage: 36 %).

Betrachtet man die unterschiedlichen Regionen Deutschlands, so fällt auf, dass der **Norden** der Republik am pessimistischsten in die Zukunft schaut. Das hat die Konjunkturumfrage weiter ergeben. Im Vergleich der vier Regionen schätzt die Wirtschaft im Norden sowohl ihre Geschäftslage als auch ihre Erwartungen am skeptischsten ein. Der Norden fällt weiter hinter die anderen Regionen zurück. Besonders ins Gewicht fallen hier die Industrieunternehmen (von 27 im Frühsommer auf 14 Punkte) sowie der Handel (von 18 auf sechs Punkte). Die Dienstleister hingegen haben ihre Position nur leicht nach unten angepasst (von 28 auf 27 Punkte). Vor allem die Finanz- und die Verkehrswirtschaft tragen zur Stabilisierung bei (Saldoverbesserung um jeweils vier Punkte auf 32 bzw. auf zwölf Punkte). Besser bewertet lediglich die norddeutsche Bauwirtschaft ihre Lage (von 27 im Frühsommer auf 36 Punkte), nicht nur saisonbedingt.

Die **ostdeutschen Unternehmen** bewerten ihre Geschäftslage ähnlich hoch wie in der Vorumfrage (Rückgang von 35 auf 34 Punkte). In den anderen Regionen trüben sich die Lageeinschätzungen etwas stärker ein. Während die Antwortsalden in Handel und Industrie besonders stark sinken (Handel um sechs auf 21 Punkte; Industrie um fünf auf 31 Punkte), fällt der Rückgang in der Bauwirtschaft weniger stark aus (um zwei auf 37 Punkte). Eine leichte Eintrübung konstatieren auch die Dienstleister (von 35 auf 37 Punkte). Wieder besser bewertet hier das Gastgewerbe seine Lage (Saldoanstieg um 25 auf 33 Punkte), während sich die guten Einschätzungen im Finanzsektor nicht halten lassen (Saldorückgang von 54 auf 45 Punkte). Branchenübergreifend bewerten die Unternehmen ihre Geschäftslage jedoch nach wie vor positiv.

Die Unternehmen in **Süddeutschland** bewerten ihre Geschäftslage unter allen Regionen am besten. Der Lagesaldo fällt im Vergleich zur Vorumfrage nur um zwei auf 37 Punkte. Industrie und Handel bewerten ihre Geschäftslage weniger gut als im Frühsommer (Saldorückgang um jeweils sieben auf 35 auf 27 Punkte). Auch die Elektrotechnik verzeichnet einen spürbaren Rückgang (von 45 auf 38 Punkte). Hingegen vermelden die Fahrzeugbauer eine leichte Verbesserung (von 51 auf 53 Punkte). Bauwirtschaft und Dienstleister erhöhen ihr Bewertungsniveau sogar leicht (Bau: von 51 auf 52 Punkte; Dienstleister: von 37 auf 40 Punkte).

Die Unternehmen im **Westen** Deutschlands senken die Bewertung ihrer Geschäftslage unter dem Strich unter den Bundesdurchschnitt. Besonders stark sieht sich der Handel beeinträchtigt (Saldorückgang von zwölf auf 15 Punkte). Die Dienstleister nehmen nur kleinere Abwertungen vor (von 33 auf 32 Punkte). In der Industrie verschlechtert sich der Investitionssaldo von 30 auf 24 Punkte. Hier stehen weniger guten Bewertungen aus der traditionell starken Chemieindustrie (Saldorückgang von 56 auf 33 Punkte) leicht verbesserte Bewertungen der Fahrzeugbauer gegenüber (Saldoanstieg von 26 auf 28 Punkte). Insgesamt nehmen Vorleistungsgüter- und Konsumgüterhersteller ihre Lagebeurteilungen am stärksten zurück (Saldorückgang um acht bzw. elf auf 24 bzw. 25 Punkte), während die Investitionsgüterhersteller ihre Lage nur geringfügig negativer als in der Vorumfrage einschätzen (Saldorückgang um drei auf 23 Punkte). In der Bauwirtschaft ist sogar eine leichte Steigerung feststellbar (von 28 auf 29 Punkte).

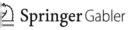

Wirtschaftswissenschaftler sind gefragt

Der Arbeitsmarkt für Wirtschaftswissenschaftler bleibt weiterhin erfreulich stabil. Gesucht werden Wirtschaftswissenschaftler sowohl für operative als auch für strategische Aufgaben. Sie arbeiten als Fachkräfte in den Bereichen Vertrieb, Marketing, Logistik, Controlling, Finanz- und Rechnungswesen, Buchhaltung und Personalwesen. Weitere Einsatzgebiete sind die kaufmännische Sachbearbeitung und allgemeine Verwaltung, Revision, Kundenberatung, Steuerabteilung, Statistik, Marktforschung, Öffentlichkeitsarbeit, Vermögensverwaltung, Qualitätsmanagement, Vertragsmanagement und die wissenschaftliche Mitarbeit. Auch Stellen in der Geschäfts- oder Projektleitung und als Assistenten der Geschäftsführung oder des Vorstands kommen infrage. Insgesamt werden Wirtschaftswissenschaftler am häufigsten nachgefragt. Das zeigt unter anderem die Studie „Staufenbiel JobTrends Deutschland 2015". Knapp die Hälfte der Unternehmen (48 %) gab auf die Frage „Welche Studienrichtung fragt Ihr Unternehmen bei Bewerbern besonders nach?" an: Betriebswirtschaftslehre. Gleichauf folgen Informatiker und Wirtschaftswissenschaftler. Auch Absolventen der Volkswirtschaftslehre (22 %) rangieren unter den Top Ten der gefragten Fachrichtungen bei Arbeitgebern, die Absolventen suchen, so die Studie. Betriebswirte werden in vielen unterschiedlichen Branchen gesucht. Viele der gemeldeten Stellen, die sich direkt an Betriebswirte richten, werden von Zeitarbeitsunternehmen gemeldet, die in verschiedenen Branchen tätig sind. Hinzu kommen Jobs aus dem öffentlichen Dienst und dem Bildungssektor. Auch von Unternehmensberatungen, der IT-Branche, dem Großhandel, Dienstleistungsfirmen sowie der Rechts- und Steuerberatung und Wirtschaftsprüfung werden explizit Betriebswirte gesucht. Weitere Einsatzbereiche gibt es bei Energieversorgern, im Lobbying und in der Forschung.

Die Top-Einsatzfelder für Wirtschaftswissenschaftler

1. Controlling	57 %
2. Vertrieb	57 %
3. Betriebswirtschaftliche Abteilung	55 %
4. Finance	55 %
5. Marketing/Produktmanagement	55 %
6. Personal	51 %
7. Projektmanagement	43 %
8. Öffentlichkeitsarbeit	42 %
9. Consulting	38 %
10. Einkauf/Materialwesen	36 %

Quelle: Staufenbiel

Das Controlling und der Vertrieb sind die häufigsten Einsatzfelder, für die Unternehmen Wirtschaftswissenschaftler suchen (jeweils 57 %). Einsteiger mit Wirtschaftsabschluss starten aber auch häufig in der betriebswirtschaftlichen Abteilung, im Finance, Marketing, Produktmanagement oder als Personalreferent. Gut jedes zweite Unternehmen gibt diese Bereiche als wichtige Einsatzfelder für Wirtschaftswissenschaftler an.

Gefragte Qualifikationen

Folgende Anforderungen stellen Arbeitgeber an arbeitswillige Absolventen: internationale Flexibilität auf einem zunehmend globalen Markt und solides fachliches Können mit der Bereitschaft, ständig dazuzulernen.

Daher erwarten die Arbeitgeber neben einer guten akademischen Ausbildung eine „fächerübergreifende" Qualifikation, soll heißen: problemgerechtes Handeln, und zwar unabhängig vom Studienschwerpunkt. Diese Handlungskompetenz setzt sich aus mehreren Teilkompetenzen zusammen:

Handlungskompetenz resultiert aus:

1. **Fachkompetenz:** die Fähigkeit, sich fachlich selbstständig auf dem Laufenden zu halten, die Erkenntnisse systematisch einzuordnen und in größeren Zusammenhängen zu denken, sich in neue betriebliche Bedingungen einzuarbeiten und neue Ideen zu erarbeiten.

2. **Methodenkompetenz:** die Fähigkeit, Aufgaben und Probleme richtig anzugehen und bei sich ständig ändernden Bedingungen mögliche Lösungen zu erarbeiten. Vor dem Hintergrund einer globalisierten Wirtschaft ist diese Eigenschaft besonders wichtig.

3. **Urteilsfähigkeit:** die Fähigkeit, Aufgaben und Probleme sowie mögliche Lösungsvorschläge richtig einzuschätzen, Argumente und Risiken gründlich abzuwägen, verantwortlich zu entscheiden, Teilschritte sinnvoll zu priorisieren und die getroffenen Entscheidungen auch gegen größeren Widerstand begründet zu vertreten – und, wenn nötig, nachzukorrigieren.

4. **Lernkompetenz:** die Fähigkeit, sich selbstständig neue Informationen zu erschließen und neue Lerntechniken zur Bewältigung der veränderten Rahmenbedingungen anzuwenden. Diese Kompetenz ist ebenso anspruchsvoll wie notwendig und kann im Einzelfall für das Weiterbestehen eines Unternehmens auf dem Weltmarkt entscheidend sein.

5. **Sozialkompetenz:** die Fähigkeit, in vielfältiger Form mit anderen gut zusammenzuarbeiten. Diese Teamfähigkeit ist heutzutage unumgänglich, da komplexe Probleme nur gemeinsam gelöst werden können.

Meist haben Wirtschaftswissenschaftler schon im Studium entschieden, ob sie sich auf ein Fachgebiet wie Marketing, Finanzen oder Steuern spezialisieren möchten. Wenn nicht, bietet sich eine Generalistenstelle an, z. B. in der Beratung oder in der Unternehmensentwicklung. Bei der Bewerbung ist es wichtig, sich auf bestimmte Branchen zu konzentrieren, in denen man womöglich durch Praktika schon Erfahrung gesammelt hat. Vor allem

Eigeninitiative, Einsatzbereitschaft und Selbstständigkeit erwarten die Unternehmen von Bewerbern – unabhängig vom Studienabschluss. Neun von zehn Arbeitgebern (92 %) achten bei einer Bewerbung darauf. Auch Bachelor-Absolventen müssen nach ihrem kürzeren Studium (im Vergleich zum Master) schon in den ersten Wochen im Job beweisen, dass sie über entsprechende Kompetenzen verfügen. Im Ranking der erwarteten Soft Skills folgen analytische und konzeptionelle Fähigkeiten, Kommunikations- und Teamfähigkeit (mit jeweils 87 %). Erwartungsgemäß spielen für Unternehmen auch Belastbarkeit, unternehmerisches Denken und Verantwortungsbereitschaft eine große Rolle, wenn sie die „weichen Faktoren" in einer Bewerbung prüfen. Nicht so entscheidend sind Punkte wie Interessenbreite, Interdisziplinarität oder Wissenschaftsorientierung.

Was die konkreten Kompetenzen betrifft, punkten vor allem Bewerber, die während ihres Studiums Praktika absolviert haben und über gute Englischkenntnisse verfügen. Daneben spielen außeruniversitäres Engagement und Berufserfahrung eine große Rolle.

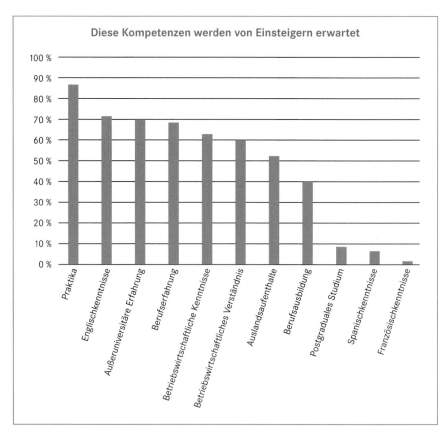

Quelle: Staufenbiel, November 2014

Die wichtigste Einstiegsform ist der Direkteinstieg. Für 86 % der Stellen, die Wirtschaftswissenschaftlern vorbehalten sind, bieten Unternehmen diese Form des Einstiegs. Auch Trainee-Programme kommen infrage; sie bieten Weiterbildung und eine berufliche Perspektive. Langfristig ist für den beruflichen Aufstieg in der Regel die Leistung im Unternehmen entscheidender als der Abschluss. Nur noch bei 35 % der Firmen haben Bachelor- und Master-Absolventen nicht die gleichen Aufstiegschancen.

Wer aber gezielt eine Führungsposition anstrebt, weiterhin Interesse an der Theorie hat oder sogar über eine wissenschaftliche Laufbahn nachdenkt, ist mit einem Master gut beraten. Wer als Wirtschaftswissenschaftler den Einstieg in ein großes Unternehmen schaffen möchte, muss damit rechnen, gemeinsam mit den Mitbewerbern zu einem Assessment-Center eingeladen zu werden.

□

FAZIT

Der Grundbedarf an Betriebswirten bleibt weiterhin hoch, im Vergleich zu früher hat sich die Nachfrage nach qualifizierten BWLern erfreulich verbessert. Neben Informatikern und Ingenieuren sind Betriebswirte die gefragtesten Akademiker. Viele Branchen erwarten weiterhin – trotz der internationalen Finanz- und Schuldenkrise – eine anhaltend und langfristig nachhaltige positive Entwicklung in Deutschland und sind daher bereit, weitere Mitarbeiter einzustellen. Dem Absolventen bleibt damit die intensive Suche nach einer neuen Stelle natürlich nicht erspart, doch die Ausgangsbedingungen seiner Stellensuche haben sich in den letzten Jahren deutlich zu seinen Gunsten verbessert.

Auf der anderen Seite darf nicht übersehen werden, dass die Anforderungen an die Betriebswirte deutlich gestiegen sind. Eine umfassende internationale Fachkompetenz braucht nicht nur der Bewerber, der seine Chancen im Ausland sucht, sondern auch derjenige, der in ein Unternehmen mit grenzüberschreitendem Handel eintreten möchte. Auch wenn die Türen der Universität oder Fachhochschule sich gerade nach einer erfolgreichen Ausbildung hinter dem Betriebswirt geschlossen haben, die Bereitschaft und die Fähigkeit, ein Leben lang zu lernen, muss er in jedem Fall mitbringen.

1.1   Der Einstieg in den Beruf

Nach dem Studium gibt es mehrere Möglichkeiten und Wege zum Start in das Berufsleben. Neben dem Direkteinstieg sind vor allem folgende Einstiegsprogramme in der Praxis von Bedeutung:

- Trainee-Programm
- Volontariat
- Training-on-the-Job
- Assistentenfunktion

Bewährt hat sich auch der „sanfte" Einstieg parallel zum Studium, beispielsweise durch entsprechende Praktika. Dies hat den Vorteil, dass sich Unternehmen und Bewerber bzw. Interessent frühzeitig kennenlernen. Praktikanten können sich ein Bild von der jeweiligen Branche, dem jeweiligen Unternehmen und den Anforderungen machen. Aber auch die Firmen profitieren: Sie können frühzeitig abschätzen, ob potenzielle Mitarbeiter ins Team passen und den Anforderungen gewachsen sind.

Ein weiterer Vorteil für die Bewerber bzw. Praktikanten: Sie können hier oftmals praxisbezogene Master- und Abschlussarbeiten in enger Kooperation mit einem Unternehmen erstellen und haben so einen perfekten Einstieg.

Basisfragen

Beginnen Sie bereits während des Studiums, sich mit Ihrem zukünftigen Berufseinstieg zu befassen. Beantworten Sie für sich folgende zentrale Fragen:
- In welchem beruflichen Umfeld wollen Sie arbeiten (Privatwirtschaft, Verband, öffentlicher Dienst oder Selbstständigkeit)?
- Welchen Bereich bevorzugen Sie (Industrie, Handel oder Dienstleistung)?
- Welche Branche(n) ist/sind für Sie von Interesse?
- Wie flexibel und mobil sind Sie (räumlich, zeitlich, international)?

1.1.1 Der Einstieg als Trainee

Bei Banken und Versicherungen ist der Einstieg als Trainee eine sehr gängige Methode des Berufseinstiegs für Hochschulabsolventen. Aber auch in allen anderen Branchen haben sich derartige Programme inzwischen etabliert, und zwar sowohl in Groß- als auch in kleinen und mittelständischen Unternehmen.

Trainees durchlaufen auf das jeweilige Unternehmen abgestimmte Förder- und Ausbildungsprogramme, welche die neuen Mitarbeiter mit den unterschiedlichen Firmenbereichen und Abteilungen bekannt machen. Die Programme, die in aller Regel nicht einzeln, sondern – nicht zuletzt wegen der gruppendynamischen Effekte – mit kleinen Teams von Trainees durchgeführt werden, dauern zwischen 12 und 24 Monate, je nach Firma und Branche. Insgesamt geht der Trend deutlich zu Ausbildungszeiten von 12 bis 15 Monaten.

In aller Regel sind Trainees Hochschulabsolventen, die auf ihre Aufgaben als zukünftige Führungskräfte bzw. Spezialisten vorbereitet werden. Oft gibt es eine Altersgrenze, die Bewerber nicht überschreiten sollten. Zudem ist der Verdienst während dieser ersten Monate eher niedrig. Das durchschnittliche Gehalt von Trainees beträgt laut der Alma-Mater-Gehaltsstudie von 2012 37.618 Euro pro Jahr. Es kann jedoch, je nach Branche, Studienrichtung und Unternehmensgröße, stark variieren.

So werden etwa Trainees im Medienbereich mit einem durchschnittlichen Jahresgehalt von ungefähr 14.000 Euro besonders schlecht entlohnt, während in den Bereichen Pharma, Technik und Energie auch mehr als das Dreifache üblich ist. Unternehmen wie die

Deutsche Bank oder Bosch zählen mit Gehältern von mehr als 45.000 bis 50.000 Euro zu den Spitzenreitern, aber auch Discounter wie Lidl oder Aldi bieten mit etwa 60.000 Euro pro Jahr überdurchschnittlich attraktive Vergütungen. Weitere gut zahlende Bereiche sind die Automobilbranche, der Maschinenbau und Elektrotechnik oder die chemische und elektronische Industrie sowie die Luft- und Raumfahrttechnik.

Im Hinblick auf den Studienabschluss erhalten Ingenieure und Naturwissenschaftler die höchste Vergütung, der Median liegt hier bei 41.000 bzw. 40.300 Euro. Knapp dahinter folgen Informatiker (ca. 39.800 Euro) und Wirtschaftswissenschaftler (etwa 37.500 Euro), weit abgeschlagen sind die Geistes- und Sozialwissenschaftler mit ca. 28.200 Euro pro Jahr. Bei der Unternehmensgröße gilt die Faustformel: Je größer das Unternehmen, desto höher das Gehalt.

Trainee-Programme passen das Wissen und die Fähigkeiten des Trainees an die Erfordernisse des Unternehmens an. Im Gegensatz zu einer Ausbildung gibt es für ein Trainee-Programm jedoch keine fixen Inhalte, die vermittelt werden, sodass die fachliche Qualität durchaus variieren kann. Deshalb sollten Bewerber die Dauer, die Inhalte und die Bezahlung vergleichen. Für die Zusage zu einem Trainee-Programm muss in aller Regel ein Assessment-Center erfolgreich durchlaufen werden.

Grundsätzlich gibt es drei Arten von Trainee-Programmen:

- **Allgemeines Trainee-Programm:**
  Hier durchlaufen die Trainees verschiedene Abteilungen und werden in unterschiedlichen Projekten und Aufgabenbereichen eingesetzt.

- **Fachtrainee-Programm:**
  Liegt schon zu Beginn fest, welchen Fachbereich der Teilnehmer später übernehmen soll, und ist das Programm genau auf diesen Bereich abgestimmt, spricht man von einem Fachprogramm. Der Trainee nutzt also die komplette Zeit, um sich auf den späteren Einsatzbereich vorzubereiten.

- **Trainee-Studium** (auch **duales Studium**):
  Einige Unternehmen unterstützen einen Studierenden während des Studiums in finanzieller Hinsicht. Als Gegenleistung verpflichtet sich dieser zur studienbegleitenden Arbeit für das Unternehmen, beispielsweise während der vorlesungsfreien Zeit. Zudem bindet sich der Studierende für eine gewisse Zeit nach Abschluss des Studiums an das Unternehmen.

1.1.2 Der Einstieg als Volontär

Ein Trainee-Programm und ein Volontariat (kurz: Volo) ähneln sich dahingehend, dass im Gegensatz zu einer Ausbildung die Inhalte nicht oder nur in ganz bestimmten Bereichen gesetzlich geregelt sind, was wiederum bedeutet, dass es große fachliche und inhaltliche Unterschiede geben kann.

Insbesondere im Medienbereich wird ein Volontariat als Ausbildung für Journalisten und Redakteure angeboten. Träger sind deshalb normalerweise Verlage, Rundfunkanstalten und Fernsehsender bzw. entsprechende Produktionsgesellschaften. Aber auch im Bereich der Presse-, Werbe- und Medienagenturen gibt es immer wieder ausgeschriebene Volontariate. Für Volontäre bei Zeitschriften und Zeitungen gibt es übrigens Tarifverträge, welche sowohl die Bezahlung als auch die Inhalte regeln.

Im Idealfall lernen Volontäre den gesamten Ablauf einer Redaktion kennen, allerdings werden sie mittlerweile sehr häufig wie ganz normale Mitarbeiter eingesetzt – jedoch mit einer wesentlich niedrigeren Bezahlung, sodass durchaus die Gefahr besteht, als billige Arbeitskraft ausgenutzt zu werden. Oftmals ist ein Volontariat auch mit dem Besuch entsprechender Schulungen verbunden.

Absolventen einer Journalistenschule müssen in aller Regel kein Volontariat mehr machen.

1.1.3 Der Sprung ins kalte Wasser: Training-on-the-Job

Wer einen Schlussstrich unter seine Ausbildungsphase setzen, „in der Praxis etwas machen" möchte und keine Angst davor hat, „ins kalte Wasser geworfen zu werden", für den ist ein Training-on-the-Job eine interessante Alternative. Training-on-the-Job bedeutet, dass die Weiterbildungsmaßnahmen direkt im Funktionsumfeld des Arbeitsplatzes durchgeführt werden. Häufig stehen die konkrete Problemlösung und das Erarbeiten von Verbesserungsmöglichkeiten für den eng abgestimmten Arbeitsbereich im Vordergrund.

> **TIPP** Wer so einsteigt, kann mit einem höheren Gehalt rechnen und wird mit einer herausfordernden Aufgabe konfrontiert. Innerhalb der Probezeit gilt dabei für beide Seiten ein schnelles Kündigungsrecht.

Allerdings sollten die Nachteile eines solchen Berufseinstiegs nicht unter den Teppich gekehrt werden. Die Einarbeitungszeit ist häufig sehr kurz und ermöglicht es kaum, sich einen Überblick über das Gesamtunternehmen und seine Strukturen zu verschaffen. Zudem legt man sich stark auf eine berufliche Zielrichtung fest. Häufig steht auch eine weitere fachliche und persönliche Qualifikation durch den Arbeitgeber nicht mehr im Vordergrund.

Weit verbreitet ist diese Art des Arbeitseinstiegs im Bereich des Außendienstes, d. h. im Vertrieb. Doch hier gilt es vorsichtig zu sein, dass es eben nicht nur darum geht, entsprechende Verträge unter das Volk zu bringen, sondern dass auch die Schulung – und hier ist nicht nur die Produktschulung gemeint – und Weiterbildung nicht zu kurz kommen. Zudem gilt es vorher zu prüfen, ob nicht Rückzahlungsverpflichtungen entstehen, wenn die geforderten Umsätze nicht erreicht werden.

1.1.4 Der Einstieg als Assistent der Geschäftsleitung

Ein Assistent der Geschäftsleitung unterstützt den Vorstand und die Geschäftsführung, indem er entsprechende Unterlagen vorbereitet, Meetings organisiert, Projekte (beispielsweise im Bereich IT, Controlling oder in der Unternehmensanalyse) betreut, Termine und Geschäftsreisen koordiniert und sich um die Korrespondenz kümmert. Dies kann durchaus eine Stelle sein, die nach zwei bis drei Jahren in eine andere verantwortungsvolle Position führt, z. B. als Leiter einer Abteilung.

Als Assistent der Geschäftsleitung bekommen Sie einen guten Einblick in die Entscheidungsstruktur des Unternehmens und haben die Möglichkeit, Verantwortung zu übernehmen. Zudem locken in der Regel recht gute Aufstiegsmöglichkeiten, auch die Bezahlung ist in vielen Fällen durchaus attraktiv. Allerdings steht und fällt die Qualität der Arbeit und der Aufstiegsmöglichkeiten mit der Qualität und Art der Firmenführung. Deshalb sollten Sie sich unbedingt im Vorfeld mit dem Unternehmen und der Firmenführung vertraut machen.

„Vitamin B"

„Beziehungen schaden nur dem, der keine hat!", weiß schon der Volksmund. Und da ist was dran. So manche Karriere hat ihre entscheidende Initialzündung über den Freundes- und Bekanntenkreis erhalten.

Daher sollten Sie bereits während des Studiums entsprechende Kontakte und Netzwerke aufbauen. Dabei helfen können die Mitarbeit in bestimmten Institutionen in der Hochschule, in studentischen Vereinigungen, aber auch der Besuch von Messen und Tagungen. Praktika, Ferienjobs und Werkstudien eignen sich ebenfalls, wenn es darum geht, Kontakte zu knüpfen und zugleich Erfahrungen zu sammeln.

Pflegen Sie die einmal gewonnenen Kontakte, indem Sie immer wieder das Gespräch suchen. Auch eine freundliche E-Mail kann nie schaden. Sie können auch offen um einen Rat bitten. Die meisten Gesprächspartner werden sich hiervon nicht belästigt, sondern geschmeichelt fühlen.

1.1.5 Der direkte Einstieg

Wer diesen Weg wählt, übernimmt als neuer Mitarbeiter sofort eine feste Position mit der entsprechenden Funktion und Vergütung. Dabei sollten Sie gerade als Berufsanfänger darauf achten, dass es eine geregelte Einstiegsphase gibt. Dies kann beispielsweise dadurch erfolgen, dass der Mitarbeiter, der die Stelle verlässt, Sie noch über mehrere Wochen und Monate einarbeitet. In vielen Unternehmen ist es zudem mittlerweile Usus, dass neue Mitarbeiter in den ersten Wochen die unterschiedlichen Abteilungen durchlaufen, damit sie sich mit den internen Abläufen vertraut machen können.

Der direkte Einstieg bietet einige Vorteile: So können Sie vom ersten Tag an Verantwortung übernehmen und zeigen, was in Ihnen steckt. Zudem lockt eine adäquate Bezahlung. Allerdings birgt der Direkteinstieg die Gefahr einer (zu) kurzen Einarbeitung und stellt – ähnlich wie der Einstieg Training-on-the-Job – sofort hohe Anforderungen an die Leistungskompetenz des neuen Mitarbeiters.

1.2 Funktionsbereiche der Unternehmen

Im kaufmännischen Bereich gibt es viele zentrale Funktionsbereiche, die – unabhängig von der Branchenausrichtung – wirtschaftswissenschaftliche Expertise erfordern. Die Aufgaben und Anforderungen sind oft unabhängig von der Art des erstellten Produktes, der Dienstleistung oder der Größe des Unternehmens. Folgende Funktionsbereiche erbringen Leistungen im Unternehmensprozess:

- Planung
- Vertrieb
- Marketing
- Finanzen
- Rechnungswesen
- Controlling
- Revision
- Human Ressources (HR)/Personalplanung
- Einkauf/Beschaffung
- Organisation
- EDV

1.2.1 Planung

„Günstige Winde kann nur der nutzen, der weiß, wohin er will." Oscar Wilde hat Recht. Denn: In einem Unternehmen ist der Weg nicht das Ziel. Vielmehr stehen ein Produkt oder eine Dienstleistung am Ende eines Prozesses, der von diversen Teilprozessen gebildet wird. Die Unternehmensplanung, sei sie schriftlich als Strategie fixiert oder nur „im Kopf" des Unternehmers, ordnet die Teilprozesse, setzt sie um und führt sie weiter. Damit ist die Unternehmensplanung Teil eines Status quo- und eines zukunftsorientierten Managements. Es gewährleistet und optimiert den Workflow, indem es die personellen und materiellen Ressourcen selektiert und organisiert.

In einer **strategischen Rahmenplanung** reicht der Zeithorizont in der Regel über fünf Jahre. Sie entstand in den 1970er Jahren, um auf veränderte Technologien, internationale Konkurrenz und neue Konsumbedürfnisse zu antworten. Marktchancen der Zukunft werden per Branchen-, Risiko- und Konkurrenzanalyse erkundet.

Anders die **taktische Planung**. Sie setzt mittelfristige Strategien in Handlungsprogramme um. Dabei fokussiert sie die kommenden zwei bis fünf Jahre. Es geht darum, Ideen in der laufenden Wertschöpfung umzusetzen.

Detaillierter ist die **operative Planung**. Sie setzt sich knappe (Ein-Jahres-)Ziele, um strategische Maßnahmen mit den Ressourcen in einzelne Handlungen des Tagesgeschäftes aufzuspalten.

Das sollten Bewerber mitbringen: analytisches und strategisches Denken, kreative Energie, Fähigkeit zur 360-Grad-Supervision.

1.2.2 Vertrieb

„Ein gutes Produkt verkauft sich von allein." Diese Erkenntnis stößt in einer Zeit, in der beispielsweise allein die Lebensmittelindustrie 35.000 neue Produkte pro Jahr auf den Markt bringt, natürlich an ihre Grenzen. Gute Produkte benötigen folglich Unterstützung vom Vertrieb, der die Differenzierung hervorhebt und die eigenständige Platzierung, sei es im Regal oder im Verkaufsgespräch, als Ziel haben muss. Der Vertrieb ist damit die Schnittstelle zwischen Unternehmen und Kunde, sei es der Endverbraucher wie bei Finanzdienstleistungen oder der Großhändler, den der Key-Account-Vertrieb kontaktet.

Der Vertrieb ist aber nicht nur Exekutive, die die Unternehmensziele monetarisiert. Er ordnet sich auch ein in ein Marketingkonzept, wenn er Marktabdeckung oder Preispolitik der Konkurrenz erkundet. Vertriebler analysieren, wie Sortimente strukturiert sind, welche Werbestrategie die Konkurrenz verfolgt oder welche Produkte welche Chancen in welchen Zielgruppen haben. Der Vertriebsorganisation obliegt gleichsam die optimale Gebietsausschöpfung, das Vertriebscontrolling, die Pflege von Alt- und die Gewinnung von Neukunden sowie die Kundenzufriedenheit vor Ort. Dabei kann die Kompetenz des Vertriebsmitarbeiters, etwa bei Finanzdienstleistungen, zum Wettbewerbsvorteil werden. Derartige Kompetenzen bestimmen auch die Einkommen: Der Handelsverkäufer ist dabei anders dotiert als der Sales Manager eines Pharma-Unternehmens oder der Vertriebschef einer Software-Firma.

Das sollten Bewerber mitbringen: Kommunikationsfähigkeit, Verhandlungsgeschick, Kundenorientierung.

1.2.3 Marketing

Ein Produkt, das niemand kennt, wird kein Erfolg. Marketing stellt – nomen est omen – den Markt (market) für ein Produkt oder eine Dienstleistung in den Mittelpunkt. Dabei hat Marketing zunächst eine Aufgabe: das Produkt in das Bewusstsein des potenziellen Kunden zu bringen, um ihn anschließend zum Kauf zu motivieren. Des Weiteren soll das Marketing Produkte in ausreichender Anzahl am richtigen Ort verfügbar machen. Das Marketing ist verbunden mit dem Vertrieb, hat jedoch eine andere Beziehung zum Kunden: Er ist das unbekannte Wesen. Marketingexperten analysieren: Welche Bedürfnisse existieren bei einer Zielgruppe, welche werden sich entwickeln? Welche Medien nutzt sie? Wie lassen sich Neukunden gewinnen und Bestandskunden halten?

Der Marketing-Mix basiert auf vier Säulen: Produktpolitik, Preispolitik, Vertriebspolitik, Kommunikationspolitik. Je nach Ausrichtung des Produktes werden sie unterschiedlich gewichtet. Bei einer Produktorientierung wird auf Qualität und Nutzwert abgehoben. Ein Preis-Marketing fokussiert die vom Kunden tolerierten Kosten in Relation zum Nutzen. Die vertriebsorientierte Variante operiert mit Preis oder Sonderverkäufen. Die kommunikative Orientierung konzentriert sich auf die nach außen sichtbare Werbung, damit Produkte öffentlich wahrgenommen werden. Das können interaktive Online-Verkaufskampagnen oder TV-Spots sein.

Das sollten Bewerber mitbringen: Kreativität, Kommunikationsfähigkeit, Wissen zu Marketingtools, Werbekanälen, -wirkung und -psychologie.

1.2.4 Finanzen

Nur wer liquide (flüssig) ist, hat ausreichend Mittel, um Rechnungen zu bezahlen. Auch eine noch so günstige Prognose für Gewinne kann fehlende Liquidität nicht ersetzen. Das Finanzmanagement dient der Liquidität. Es steuert die betrieblichen Geldströme, die Ablaufplanung, die Kontrolle der Maßnahmen zur Mittelbeschaffung (Finanzierung) sowie zur Mittelverwendung (Investition). Ein weiteres Ziel der Finanzmanager ist neben der Sicherung der Liquidität auch die Optimierung der Rentabilität der Anlagen. Im Idealfall balanciert ein Finanzmanagement Einnahmen und Ausgaben so aus, dass kein Fremdkapital nötig ist. Es stellt Finanzpläne auf, minimiert Währungsrisiken und wägt Investitionsrisiken ab. Entdeckt das Finanzmanagement einen Kapitalbedarf, sondiert es beste Konditionen.

Das sollten Bewerber mitbringen: kritisch-analytisches Denken und Genauigkeit, Spezialwissen zu Finanzierung, Zahlungsverkehr, Zins- und Währungsmanagement.

1.2.5 Rechnungswesen

Während das externe (publizitätspflichtige) Rechnungswesen die Unternehmensdaten dokumentiert, um gegenüber Dritten (Finanzbehörden, Banken etc.) Rechenschaft abzulegen, hat das interne Rechnungswesen eine andere Funktion. Es stellt dem Management Ergebnisse bereit, um strategisch und operativ zu planen. Das können Jahresbilanzen oder auch die Rentabilität von Produkten oder Produktionsprozessen sein. Basis sind Daten, die den Workflow mit monetärem Blick beschreiben: Das Rechnungswesen weist die Kosten den Kostenstellen zu. Entsprechend differenziert sich das Rechnungswesen in unterschiedliche Bereiche: Finanzbuchhaltung zur Bilanzierung und Gewinn- und Verlustrechnung, Debitorenbuchhaltung (Kundenforderungen), Kreditorenbuchhaltung (externe Verbindlichkeiten), Anlagenbuchhaltung (Anlagevermögen), Lohnbuchhaltung und Kostenrechnung.

Das sollten Bewerber mitbringen: kritisch-analytisches Denken, akribische Arbeitsweise, Know-how zu Rechnungswesen, Steuerrecht, Kostenrechnung.

1.2.6 Controlling

Controlling bedeutet, sich mit Plan-, Soll- und Ist-Zahlen auseinanderzusetzen und diese miteinander zu vergleichen. Strategisches Controlling dient dazu, Unternehmen durch Zahlen und deren Analyse zu steuern. Controller verschaffen sich Informationen, um eine quantitative und qualitative Grundlage für unternehmensrationale Entscheidungen zu erzielen. Mitarbeiter im Controlling gewinnen zudem Erkenntnisse über kontraproduktive Faktoren und steuern darauf basierend Verbesserungen in den Wertschöpfungsprozess ein. Oft orientiert sich (operatives) Controlling strikt an quantifizierbaren Werten und wird daher mit Cost Cutting und Einsparungen assoziiert. Controller tragen somit eine Mitverantwortung für das Erreichen der Geschäftsziele.

Das sollten Bewerber mitbringen: analytisches und unternehmerisches Denken, Knowhow zu Finanzmanagement und Rechnungswesen, Begeisterung für Zahlen.

1.2.7 Revision

„Prüfet alles und das Beste behaltet." Unter diesem Motto prüft die interne Revision Systeme und Prozesse und empfiehlt Verbesserungen zur Sicherheit oder zur Ordnungsmäßigkeit gemäß gesetzlicher und unternehmensinterner Vorgaben. Sie blickt zudem auf Wirtschaftlichkeit, Risiko, Zweckmäßigkeit und soziale Effizienz. Im Fokus steht die Effizienzsteigerung im betriebswirtschaftlichen Sinn. Es geht um das Verhältnis von Ressourceneinsatz und Resultat. Anders als im stärker strategisch ausgerichteten Controlling stellt die Revision operative Maßnahmen auf den Prüfstand: Korrespondieren sie mit den Unternehmenszielen? Passt die Relation von Kosten und Nutzen? Gibt es Unregelmäßigkeiten, Buchungsfehler oder gar Manipulationen?

Das sollten Bewerber mitbringen: Kenntnisse zu Unternehmensstrukturen und Prozessmanagement, analytisches Denken.

1.2.8 Human Ressources (HR)/Personalplanung

Aufgabe der Personalplanung ist es, den kurz-, mittel- und langfristigen Personalbedarf zu ermitteln und sicherzustellen, dass die Unternehmensziele mit den verfügbaren „Human Ressources" (HR) zu erreichen sind. Das schließt folgende Bereiche mit ein: Suche nach Fachkräften, Einstellungsgespräche, Aus- und Weiterbildungskonzepte, Gehaltsverhandlungen, aber auch die Lohn- und Gehaltsabrechnungen. Eine volatile Konjunktur verlangt zudem immer öfter auch eine flexible Personalplanung etwa durch Leiharbeit. Und: In der Krise gehört auch Personalabbau dazu.

Das sollten Bewerber mitbringen: Empathie, Durchsetzungsvermögen, unternehmerisches Denken, Kenntnisse in Psychologie, Arbeits- und Sozialrecht.

1.2.9 Einkauf/Beschaffung

Der Einkauf umfasst alle Tätigkeiten und Aufgaben, die nötig sind, damit ein Unternehmen mit den Gütern und Dienstleistungen bedarfsgerecht versorgt ist, die es benötigt, um produzieren zu können und die vom Unternehmen selber nicht her- bzw. bereitgestellt werden können.

Die Herausforderung für Einkäufer besteht darin, die Produktion zu sichern, ohne dabei Überkapazitäten oder unnötige Lagerhaltungen zu erzeugen. Zentrale Aufgaben sind das Timing, die Organisation und Kontrolle der Beschaffung, das Einholen von Angeboten, die Überwachung des Wareneingangs und die Überprüfung von Rechnungen.

Der Einkauf ist stärker als andere Bereiche aktuellen globalen Entwicklungen und Herausforderungen unterworfen – wenn etwa Rohstoffe gebraucht werden. Die Konkurrenz um bestimmte Rohstoffe oder Materialien führt zu Käufermärkten und gegebenenfalls Preissteigerungen. Zudem verändern neue Vertriebskanäle über das Internet das Berufsbild der Einkäufer.

Das sollten Bewerber mitbringen: Organisationstalent, Verhandlungsgeschick, Knowhow zu Materialwirtschaft, Qualitätskontrolle, internationalen Handelsabkommen.

1.2.10 Organisation

Unternehmen sind Systeme, die sich eine geschlossene Organisationsform geben. Damit die Arbeitsabläufe innerhalb dieser Organisationsform funktionieren, müssen Prozesse und Schnittstellen definiert, angepasst und überwacht werden. Hierfür ist der Bereich der Organisation zuständig, der Arbeitsabläufe plant. Eine besondere Bedeutung kommt diesem Bereich beispielsweise dann zu, wenn neue Fertigungsstraßen geplant werden oder neue Produkte produziert werden sollen.

Außerdem gilt es, Aufgabenbereiche abzugrenzen, Hierarchien und Entscheidungsbefugnisse festzulegen sowie interdisziplinär zu vermitteln.

Das sollten Bewerber mitbringen: Kommunikationsfähigkeit, Analyse- und Planungssicherheit, Kenntnisse zu Organisationspsychologie und -planung.

1.2.11 EDV

EDV-Systeme sind in Unternehmen mittlerweile ebenso selbstverständlich wie online-gestützte Kommunikations- und Distributionsprozesse. Die Anwendungen reichen von der Textverarbeitung über die Datenverwaltung bis zur Rechnungsstellung. Sie bilden Produktionsprozesse ab, übernehmen Preiskalkulation, Buchführung, Absatzprognosen oder Bestellmengenoptimierung. Online- und Web-2.0-Anwendungen erfassen neue Formen des Handels und der interaktiven Kommunikation von Unternehmen und Kunde.

Die EDV bietet auch Möglichkeiten zur Weiterbildung oder zur Auslagerung und Dezentralisierung von Arbeit bis hin ins „mobile office". Zudem kann der Ausfall einer IT-Komponente einen gesamten Workflow stören. Im Berufsfeld der IT und EDV eröffnen sich daher viele Aufgaben: EDV- und Organisationsanalyse, Auswahl und Implementation von Hard- und Software, Schulung der Mitarbeiter sowie Support.

Das sollten Bewerber mitbringen: ausgeprägte IT-Kenntnisse, vernetztes und lösungsorientiertes Denken, Kommunikationsfähigkeit.

1.3 Interview: Karrierecoach Robert Baric

„Eigene Erfolgsgeschichten genauer unter die Lupe nehmen"

Um die eigenen beruflichen Stärken zu finden, sollten Absolventen und Berufseinsteiger zunächst persönliche Erfolgsgeschichten genauer beleuchten. Zudem können Sinnkrisen produktiv genutzt werden, um passende Berufsideen zu finden, so Robert Baric, Karrierecoach und Inhaber von WIRKSTIL – Berufsorientierung & Karriereberatung.

Die letzte Prüfung steht an und der Abschluss ist so gut wie in der Tasche: Was sollte für Studienabgänger der erste Schritt im Hinblick auf den ersten Job sein?

Je nachdem wie klar das eigene berufliche Ziel vor Augen steht, ist es wichtig, dass eine handhabbare Vorstellung des eigenen Portfolios und eigener beruflicher Visionen und Ziele vorliegt. Daher sollte jeder zunächst herausfinden, welche Talente, Fähigkeiten, Erfahrungen, thematische Neigungen und berufliche Ambitionen das eigene Profil charakterisieren. Die Schärfung des eigenen Portfolios hat mehrere Vorteile. Erstens dient es der weiteren beruflichen Selbst- und Perspektivklärung, zweitens liefert es die Essenz für eine prägnante Bewerberpräsentation. Zudem kann besser abgewogen werden, welche Jobfunktion passend ist und welcher Organisationskontext für den Karriereeinstieg gewählt werden sollte. Daneben sollte jeder prüfen, ob für das eigene Berufsziel noch Zusatzqualifikationen nötig, welche Netzwerke oder Kontakte beim Jobeinstieg hilfreich und welche Bewerbungs- und Einstiegsstrategien zielführend sein könnten.

Wie finde ich meine Talente und Stärken?

Eine gute Herangehensweise ist es, eigene Erfolgsgeschichten genauer unter die Lupe zu nehmen. In ihnen liegen reichhaltige Hinweise auf eigene Stärken und Talente. Auch ist es hilfreich, die eigenen Interessen und Werte in die Suche einzubeziehen. Für gewöhnlich sind diejenigen Fähigkeiten gut ausgeprägt, deren Anwendungen einem leicht fallen und Freude bereiten. Zudem gibt es zahlreiche standardisierte Tests zur Kompetenzfeststellung.

Wie optimiere ich daraufhin meine Bewerbungsunterlagen?

Obligatorisch sind Anschreiben, Lebenslauf und verschiedene Zeugnisse, die zu einer analogen oder digitalen Bewerbungsmappe vereint werden. Die Mappe dient zur glasklaren Kommunikation des eigenen Profils und der Stelleneignung. In der Regel verschaffen sich Personaler durch den Lebenslauf einen ersten Eindruck vom Bewerber. Der Anfertigung des Lebenslaufs sollte daher eine große Aufmerksamkeit geschenkt werden. Auch gibt es für Lebensläufe verschiedene Gestaltungskriterien (achronologisch, kompetenzorientiert, kreativ, konventionell etc.). Das individuelle Anschreiben dient der verdichteten und interpretierenden Darstellung der fachlichen Kompetenzen, Erfahrungen, Motivation, Stärken, Erfolge und der Soft Skills. Es sollte zudem auf das Stellenprofil abgestimmt werden.

„Ich weiß nicht, was ich werden will!" – Was tue ich in einer Sinnkrise?

Wer auf der Suche nach passenden Berufsideen ist, begibt sich in einen ergebnisoffenen Frage-, Erkundungs- und Findungsprozess. Grundsätzlich ist dies als eine sehr gute Ausgangsposition anzusehen, die manch einer bereits zur Verwirklichung seines Traumberufes genutzt hat. Um sich eine tragfähige Antwort auf die Richtungsfrage zu geben, ist es zunächst wichtig, eine Bestandsaufnahme seiner Lieblingsfähigkeiten und -themen, Interessen, Werte, erworbenen Kompetenzen, bisherigen Erfahrungen und bevorzugten Arbeitsbedingungen vorzunehmen. Die Fassung des eigenen Portfolios und vor allem auch des eigenen persönlichen Wesens bildet die unverzichtbare Grundlage für eine aktive und sinnvolle berufliche Orientierung und Perspektivfindung. So können sich neue und attraktive Berufs- und Karrierechancen eröffnen.

Was tue ich, wenn ich feststelle, dass der erste Job doch nichts für mich ist?

Zunächst ist eine umfassende und präzise Problemdiagnose angeraten. Es muss nicht gleich ein grundsätzlicher Berufsirrtum vorliegen. Bis es im Joballtag rund läuft, müssen gerade in der Phase des Karriereeinstiegs die professionellen Rollen- und Kontextkompetenzen weiter justiert werden. Schließlich ticken Personen und Unternehmen unterschiedlich und alle müssen sich aufeinander einstellen. Zeigt sich in der Problemdiagnose, dass der erste Job faktisch eine Fehlentscheidung war, sollte eine strategische deeskalierende Ausstiegslösung gesucht werden. Bevor die eigene Reputation leidet, empfiehlt es sich vor dem nächsten Jobantritt, verstärkt auf die Frage der Passung von Person, Jobfunktion, Themenfeld und Unternehmenskultur zu achten.

www.wirkstil.de

2

TOP-ARBEITGEBER – WER SIND DIE BESTEN?

2.1 Trendence Graduate Barometer Deutschland 2015 – German Business Edition

Wer als Teenager die Jahrtausendwende erlebte, wird gerne zur Generation Y gezählt. Die „Millenials" galten als selbstbewusst, gut ausgebildet, interessiert an Work-Life-Balance und technologieaffin. Das spiegelt sich in den beruflichen Präferenzen der angehenden Wirtschaftswissenschaftler wieder, wie sie das Berliner Trendence Institut alljährlich ermittelt. Der Befund 2015 hat aber auch viel mit der konjunkturellen Stimmung an der Börse zu tun: Die deutschen Autokonzerne sind wie in den Jahren zuvor die beliebtesten Arbeitgeber – nur in der Reihenfolge gab es leichte Verschiebungen.

Seit 1999 führt das Berliner Institut die Studie Trendence Graduate Barometer (ehemals Absolventenbarometer) durch. Bei der Untersuchung werden abschlussnahe Studierende und Absolventen zum Berufseinstieg gefragt, welche Unternehmen sie für sie attraktiv sind und nach welchen Kriterien sie die erste Station im Berufsleben auswählen. Es zeigt sich, dass sich besonders Technologie-Unternehmen als „Marke" im relevant set der künftigen Mitarbeiter der Generation Y verankert haben.

An der Befragung September 2014 bis Februar 2015 nahmen abschlussnahe Studierende aus wirtschaftswissenschaftlichen Fächern von 109 Hochschulen teil, 15.000 Antworten wurden ausgewertet. Dabei überrascht weniger die Dominanz der Auto-Hersteller als der Platzwechsel in dieser Phalanx. BMW und Audi bleiben vorn, Porsche und Daimler platzieren sich besser, VW verliert einen Rangplatz. Auffällig: Erstmals konnte sich 2015 die Finanzbranche nicht mehr unter den ersten 20 platzieren. Erst auf Rang 21 liegt die Deutsche Bank. Zu den Aufsteigern gehören – auch – typische Marken der Generation Y: Apple oder Nike. Gleichfalls konnte ein 2015 erstmals gelistetes Unternehmen künftige High Potentials für sich einnehmen und notiert auf Rang 36: Haribo.

Top-Arbeitgeber 2015

Rang	%	Unternehmen
1	13,1	BMW Group
2	12,3	Audi AG
3	7,9	Porsche AG
4	7,6	Volkswagen AG
5	7,5	Daimler/Mercedes Benz
6	7,0	Lufthansa Group
7	6,9	Google
8	6,7	adidas AG
9	6,3	Bosch Gruppe
10	4,9	PwC (PricewaterhouseCoopers)
11	4,4	Apple
11	4,4	Ernst & Young (EY)
13	4,0	KPMG
13	4,0	Siemens
15	3,8	Auswärtiges Amt
16	3,7	McKinsey & Company
17	3,1	Unilever
18	3,0	BCG The Boston Consulting Group
19	2,9	BASF
19	2,9	Nike Group
20	2,8	Deutsche Bank AG

Quellen: trendence Graduate Barometer Business Edition 2015, www.trendence.com/unternehmen/rankings/germany.html

2.2 Arbeitgeberranking von WirtschaftsWoche und Universum: Universum Student Survey 2015

Welches Unternehmen stößt beim Recruiting auf hohe Akzeptanz und positiv besetzte Voreinstellungen bei kommenden High Potentials? Wie sehen Arbeitgeberpräferenzen und Karrierevorstellungen der Top-Talente aus? Wie werden Unternehmen als Arbeitgeber eingeschätzt? Diese forschungsleitenden Fragen standen auch 2015 auf der Agenda des internationalen Forschungs- und Beratungsunternehmens Universum.

Für den Universum Student Survey 2015 in Deutschland wurden dazu zwischen Oktober 2014 und Februar 2015 insgesamt 34.607 Studierende an 140 Hochschulen in Deutschland befragt. Die meisten davon waren angehende Wirtschaftswissenschaftler (37 %) und Ingenieure (21 %). Etwa 11 % waren Naturwissenschaftler/-Innen, 7 % Informatiker/-Innen. Außerdem wurden Studierende der geistes- und rechtswissenschaftlichen Fachbereiche sowie der Medizin befragt.

Universum unterstützt u.a. mit Surveys Unternehmen beim Aufbau einer Arbeitgebermarke. Das Unternehmen hilft, „aktuelle und künftige Mitarbeiter zu verstehen, für sich zu gewinnen und an sich zu binden". Die Berater arbeiten dazu mit weltweit über 1.700 Kunden und 2.000 Universitäten zusammen. Für die Surveys werden jährlich etwa eine Mio. Studierende und Berufstätige befragt.

Die Ergebnisse 2015 zeigen erneut eine Dominanz der Auto-Hersteller – mit leichten Veränderungen in der Platzierung gegenüber dem Vorjahr. Für Studierende der Wirtschaftswissenschaften ist erstmals BMW der attraktivste Arbeitgeber. Auf den weiteren Plätzen folgen Audi, Porsche, Google und Volkswagen. Deutlicher sind die Präferenzen, werden Wirtschafts- und Ingenieurwissenschaftler gemeinsam betrachtet: Jeder dritte Studierende der wirtschaftsnahen Studienfächer würde gerne bei einem Automobilhersteller arbeiten. Offenbar entsprechen diese den Vorstellungen über Gehalt, Arbeitsbedingungen und Arbeitsplatzsicherheit.

Während die Autobranche weiter die Pole-Position hält, werden Unternehmensberatungen und Wirtschaftsprüfer wieder populärer. Bei Studierenden der Wirtschaftswissenschaften liegt McKinsey wie im Vorjahr auf dem achten Rang. The Boston Consulting Group (BCG) rückt um drei Positionen auf Platz 16 vor. Auch die Wirtschaftsprüfungsgesellschaften können zulegen. PwC klettert bei den Ökonomen um zwei Plätze auf 13. EY (früher Ernst & Young) rückt ebenfalls um zwei Positionen vor. Die Finanzbranche verspürt dagegen weiter Gegenwind, so Universum: „Banken und Versicherungen aus Deutschland können ihren seit einigen Jahren anhaltenden Abwärtstrend ... nicht stoppen." Es findet sich kein deutsches Geldinstitut unter den Top 20, die Deutsche Bank liegt auf Platz 26.

Was sind die Kriterien für einen guten Arbeitgeber – aus Sicht der Befragten? Auch hier gibt Universum Hinweise, die über attraktives Grundgehalt, freundliches Arbeitsumfeld und hohes Einkommen in der Zukunft hinausgehen. Für künftige Spitzenkräfte ist eine Work-Life-Balance, ein ausgewogenes Verhältnis zwischen Beruf und Privatleben, schon seit Jahren das wichtigste langfristige Karriereziel. Weitere Qualitätsparameter sind Jobsicherheit, intellektuelle Herausforderung, Führungskultur. Zudem werden gewünscht: Führungskräfte, denen an der Entwicklung und Förderung ihrer Mitarbeiter gelegen ist, die offen kommunizieren und die es schaffen, Visionen und Werte ihrer Unternehmen glaubwürdig zu vermitteln.

Ein anderer Befund des Surveys 2015 mag überraschen. Er ist jedoch vor dem Hintergrund der zunehmend auch politisch geforderten privaten Absicherung im Alter zu interpretieren. Betriebliche Altersversorgung genießt hohe Wertschätzung: 44 % der Befragten werten die betriebliche Altersvorsorge als besonders wichtige Zusatzleistungen der Unternehmen. 41 % erachten Weiterbildungs- und Entwicklungsmöglichkeiten als „besonders wünschenswert". Der Firmenwagen ist „nur" für 30 % eine besonders wichtige Zusatzleistung. Jeweils etwa ein Fünftel wünscht sich eine Beteiligung am Unternehmensgewinn, zusätzliche Urlaubstage, Überstundenausgleich und Gesundheitsförderung.

Platzierung 2015		Vorjahresrang
Rang	%	Rang
1 BMW Group	21,28	2
2 Audi	21,10	1
3 Porsche	18,77	3
4 Google	15,88	5
5 Volkswagen	15,45	4
6 Daimler/Mercedes-Benz	15,36	6
7 Deutsche Lufthansa	13,60	7
8 McKinsey & Company	8,91	8
9 adidas group	8,53	9
10 ProSiebenSat.1 Media	8,44	12
11 Siemens	7,88	10
12 Auswärtiges Amt	7,38	11
13 PwC (Pricewaterhouse Coupers)	7,33	15
14 Unilever	7,26	14
15 L'Oréal Group	7,18	17
16 The Boston Consoulting Group (BCG)	6,91	19
17 Robert Bosch	6,90	22
18 Hugo Boss	6,69	20
19 EY (Ernst & Young)	6,38	21
20 Europäische Zentralbank (EZB)	6,25	18

Quelle: http://universumglobal.com/de/2015/04/universum-arbeitgeberranking-2015/
http://www.wiwo.de/erfolg/beruf/ranking-die-beliebtesten-arbeitgeber-deutschlands/11682336.html

2.3 Great Place to be. So urteilen die Mitarbeiter

In einem Offenen Brief auf der Website beschreibt Robert Levering, Mitgründer von Great Place to Work, das Ziel des Forschungs- und Beratungsinstituts: „Wir glauben, dass jedes Unternehmen eine vorbildliche Arbeitsplatzkultur schaffen kann. Great Place to Work existiert, um diese Vorstellung in die Wirklichkeit umzusetzen…. Wir sind davon überzeugt, dass eine Veränderung am besten herbeigeführt werden kann, wenn wir Unternehmen ermuntern, ihr Bestes zu geben, anstatt zu fordern, Mängel zu beseitigen. Deswegen ist unser Ansatz positiv."

Adressaten der Forschungsergebnisse sind daher in erster Linie die Führungskräfte von Unternehmen. Sie „sind unsere Helden", so Levering. Diese „Helden" sind für den Instituts-Mitgründer „Hoffnungsträger in einem oft noch vorhandenen Meer mittelmäßiger Arbeitsplatzkulturen" mit dem Ergebnisse der jährlichen internationalen Analysen umzugehen. Zentraler Parameter zur Bemessung der Arbeitsplatzkultur ist dabei, so Great Place to Work, der Faktor Vertrauen: „Wenn das Vertrauen am Arbeitsplatz gestärkt wird, können alle Unternehmen ihre Geschäftsergebnisse verbessern, da Kooperation und Innovation auf Vertrauen aufbauen."

Das Institut begann 1981 in New York, Arbeitgeber aus Sicht der Mitarbeiter und Mitarbeiterinnen zu bewerten und auszuzeichnen. Durch die unterschiedlichen, nach Mitarbeiterzahl systematisierten Rubriken, finden sich auch kleinere und mittelständische Unternehmen. Great Place to Work Deutschland wurde anlässlich des durch die EU-Kommission initiierten Wettbewerbs „Beste Arbeitgeber der EU 2003" im Jahr 2002 in Deutschland gegründet und beschäftigt am Standort Köln derzeit rund 70 Mitarbeiter. 2003 wurde das erste Mal die Liste „Deutschlands beste Arbeitgeber" veröffentlicht.

Auf Basis von Benchmark-Untersuchungen zu Qualität und Attraktivität der Arbeitsplatzkultur führt das Institut seit 2002 ebenfalls regelmäßig Wettbewerbe durch, etwa: „Deutschlands Beste Arbeitgeber" und „Europas beste Arbeitgeber" oder spezifische Branchen- und Regionalwettbewerbe wie „Beste Arbeitgeber im Gesundheitswesen", „Beste Arbeitgeber im Münsterland" und „Beste Arbeitgeber in Berlin-Brandenburg". Ziel ist es, Unternehmen mit attraktiver, mitarbeiterorientierter Arbeitsplatzkultur besondere öffentliche Anerkennung zukommen zu lassen.

Alljährlich präsentiert das Institut mit dem Handelsblatt, dem Personalmagazin, der Jobbörse Stepstone und dem Demographie-Netzwerk ddn die Gewinner des Wettbewerbs. Die Ergebnisse basieren auf anonymen Befragungen der Mitarbeiter in den teilnehmenden Unternehmen zu Arbeitsplatzthemen wie Vertrauen in das Management, Qualität der Zusammenarbeit, Identifikation mit der Arbeit und dem Unternehmen insgesamt, berufliche Entwicklungsmöglichkeiten, Vergütung, Gesundheitsförderung und Work-Life-Balance. Darüber hinaus wird die Personal- und Führungsarbeit bewertet.

Für den Wettbewerb 2015 hatten sich bundesweit über 600 Unternehmen aller Branchen, Größen und Regionen beteiligt und einer unabhängigen Überprüfung gestellt.

Unternehmen	Branche	Mit-arbeiter	Homepage
Top 3 der Unternehmen 50 bis 500 Mitarbeiter			
1 sepago GmbH	IT/Beratung	58	www.sepago.de
2 Netpioneer GmbH	Informationstechnologie & Dienste	90	www.netpioneer. de
3 St. Gereon Seniordienste gGmbH	Altenpflege	421	www.st.gereon. info

Unternehmen	Branche	Mit-arbeiter	Homepage
Top 3 der Unternehmen 501 bis 2.000 Mitarbeiter			
1 NetApp Deutschland GmbH	Datenspeicherung & Datenmanagement	680	www.netapp.de
2 W. L. Gore & Associates GmbH	Industrie/Technologie	1.608	www.gore.com
3 Vector Informatik GmbH	Software/Automobil	1.033	www.vector.com
Top 3 der Unternehmen 2.001 bis 5.000 Mitarbeiter			
1 Microsoft Deutschland	Software	2.666	www.microsoft.de
2 SICK AG	Sensortechnik	3.096	www.sick.com
3 IngDiba AG	Banken	3.400	www.ing-diba.de
Top-Unternehmen über 5.000 Mitarbeiter			
1 Dow Deutschland	Chemie	5.311	www.dow.com
Sonderpreisgewinner			
ddn-Sonderpreis „Demographie-bewusstes Personalmanage-ment"	Janssen-Cilag GmbH		www.janssen-deutschland.de
HCC-Sonderpreis „Humanpoten-tialförderndes Personalmanage-ment"	Sparda Bank München eG		www.sparda-m.de
Sonderpreis „Diversity"	ING-DIBA AG		www.ing-diba.de
Sonderpreis „Chancengleich-heit"	Interhyp AG		www.interhyp.de
Sonderpreis „Gesundheits-förderung"	Neumüller Ingenieurbüro GmbH		
Sonderpreis „Kompetenz-entwicklung"	Adobe		www.adobe.com

Quelle: www.greatplacetowork.de

Die 100 besten Arbeitgeber in Europa 2015

Über ein Vierteljahrhundert ist es her, dass 1979 zum ersten Mal das Europaparlament direkt gewählt wurde. 20 Jahre zuvor trat der Vertrag von Maastricht in Kraft, der die europäische Wirtschaftsgemeinschaft um eine politische Dimension erweiterte. Er schaffte die Europäische Union (EU) – und den Arbeitsmarkt Europa. Das Institut "Great Place to Work" zeichnete 2003 zum ersten Mal die "100 Besten Arbeitgeber Europas" aus. Damit liegt 2015 zum 13. Mal das Ranking vor.

Diese Ergebnisse zeigen eine „in hohem Maße von Vertrauen, Stolz und Teamgeist geprägte Zusammenarbeit in den Unternehmen", so das Institut. Die Studie belege eine hohe Arbeitsplatzqualität, die „in signifikanter Weise zu stärkerer Motivation, Bindung und Gesundheit der Mitarbeiter, zu deutlichen Vorteilen auf dem Fachkräftemarkt und insgesamt zu größerem wirtschaftlichem Erfolg der Unternehmen" beitrage.

Wie wird ein Unternehmen zum „European Player"? Um sich für den Wettbewerb zu qualifizieren, muss sich ein Unternehmen auf einer der landesweiten Beste-Listen platzieren. Insgesamt nahmen mehr als 2.300 Unternehmen mit über 1,5 Mio. Beschäftigten an der „größten Befragung zur Arbeitsplatzqualität in Europa", so das Institut, teil. Sie wurden in drei Größenklassen eingeteilt: „Beste Multinationale Arbeitgeber, „Beste Große Arbeitgeber" (Größenklasse mit mehr als 500 Mitarbeiter), „Beste Kleine und Mittlere Arbeitgeber (KMU)" (Größenklasse mit 50 bis 500 Mitarbeiter).

Die Bewertung der Arbeitgeberqualität basiert auf zwei Befragungspanels. Zum einen befragt Great Place to Work repräsentativ und anonym Mitarbeiter in den Unternehmen. Die Themen u.a.: Vertrauen in das Management, Führungsverhalten, Wertschätzung, Identifikation mit Tätigkeit und Unternehmen, Entwicklungsmöglichkeiten. Gesundheitsförderung. Darüber hinaus wird das Management zur Personal- und Führungsarbeit befragt (u.a. mitarbeiterorientierte Personalführung, Vereinbarkeit von Familie und Beruf, Chancengleichheit, Weiterbildung, Beteiligungssysteme, Gesundheitsmanagement etc.). Die beiden Bewertungsinstrumente werden im Verhältnis von 2:1 gewichtet. Die direkte Beurteilung durch die eigenen Beschäftigten erhält besonderes Gewicht.

Deutschland erreicht im Ländervergleich mit 22 Unternehmen Platz 2 im aktuellen europäischen Arbeitgeberwettbewerb von Great Place to Work – hinter Großbritannien (27), gefolgt von Dänemark (20), Schweden (17), Frankreich und Spanien (je 15) sowie Irland und Italien (je 14).

>< Web-Link

http://www.greatplacetowork.de/beste-arbeitgeber/aktuelle-wettbewerbe

Die besten Arbeitgeber – Top Ten der KMU in Europa (50 bis 500 Mitarbeiter)

	Unternehmen	Branche	EU-Land	Homepage
1	Cygni	IT/Consulting	Schweden	www.cygni.se
2	Key Solutions	Professional Services Telephone Support/ Call centers	Schweden	www.keysolutions. se
3	Vincit	IT/Software	Finnland	www.vincit.fi
4	Conscia	IT/Consulting	Dänemark	www.conscia.dk
5	&samhoud con- sultancy	Professional Services/ Management Consulting	Niederlande	www.consultancy. samhoud.com

6	Tenant & Partner	Bau- und Immobilienwesen	Schweden	www.tenantand-partner.com
7	Centiro Solutions	IT/Software	Schweden	www.centiro.se
8	Frontit	IT/Consulting	Schweden	www.frontit.de
9	Center for Socialpsykiatri Lolland	Soziale Dienste/Staatliche Behörden	Dänemark	
10	Herning Kommu-nale Tandpleje	Soziale Dienste/Staatliche Behörden	Dänemark	www.tandplejen.herning.dk

Quelle: www.greatplacetowork.de

Die besten Arbeitgeber – Top Ten der Großunternehmen in Europa (ab 500 Mitarbeiter)

	Unternehmen	Branche	EU-Land	Homepage
1	Davidson	Engineering Consulting	Frankreich	www.davidson.fr
2	Torfs	Einzelhandel	Belgien	www.torfs.be
3	Accent	Personal & Personalbeschaffung	Belgien	www.accent.jobs
4	Capital One (Europe) plc	Finanzdienstleistungen & Versicherung	UK	www.capitalone.co.uk
5	3	Telekommunikation	Schweden	www.tre.se
6	Beierholm	Finanzdienstleistungen, Versicherungen/Buchhaltung	Dänemark	www.beierholm.dk
7	ROFF	IT Consulting	Portugal	www.roffconsulting.com
8	Softcat Limited	IT-Consulting	UK	www.softcat.com
9	EnergiMidt	Energieversorgung	Dänemark	www.energimidt.dk
10	Vector Informa-tik GmbH	IT Software	Deutschland	www.vector.com

Quelle: www.greatplacetowork.de

3

ARBEITSMARKT NACH BRANCHEN

3.1 Automotive

„Entscheidend ist stets, dass der junge Ökonom eine gute Performance mitbringt"

Interview mit Matthias Wissmann, Präsident des Verbandes der Automobilindustrie (VDA) / German Association of the Automotive Industry, Berlin

Wie wirkt sich der Boom der Wirtschaft generell auf Ihre Branche aus?

Die Automobilindustrie bleibt auf Erfolgskurs: Export, Produktion und Umsatz sowie Beschäftigung legten 2014 zu. Die Beschäftigung in den Stammbelegschaften ist auf 774.700 Mitarbeiter gestiegen und der Umsatz erreichte mit 385,5 Mrd. Euro Rekordniveau. Das zeigt, dass die Automobilindustrie der Innovationsmotor der deutschen Wirtschaft bleibt. Weltweit stieg trotz einiger zurückgehender Märkte wie Russland und Südamerika der Pkw-Markt 2014 auf 76,1 Mio. Neuwagen. Das heißt, dass das Auto auch weltweit seine Stellung als zentrales Verkehrsmittel verteidigen kann. Durch Innovationen in den Bereichen Elektromobilität und Vernetzung werden die Fahrzeuge auch in Zukunft eine entscheidende Rolle spielen, denn sie werden noch sicherer, komfortabler und effizienter.

Wie sieht der Arbeitsmarkt 2015/2016 für Wirtschaftswissenschaftler in der Automobilbranche aus?

Angesichts steigender Anforderungen an individuelle und umweltschonende Mobilität stellt die Automobilindustrie eine Wachstumsbranche dar, die Absolventen verschiedenster Bereiche eine Perspektive bietet. Neben den klassischen Betriebswirten stellt die Automobilindustrie insbesondere für Absolventen der Bereiche Wirtschaftsinformatik und Wirtschaftsingenieurwesen einen vielversprechenden Arbeitsplatz dar. Die hohen Forschungs- und Entwicklungsaufwendungen zeigen, dass Absolventen auch in diesen Bereichen mit interessanten Aufgaben rechnen können. Im Jahr 2013 haben die deutschen Unternehmen weltweit 29,6 Mrd. Euro in Forschung und Entwicklung investiert.

Und wie sieht es abseits der Big Blue aus?

Absolventen sollten sich bei der Wahl ihres zukünftigen Arbeitgebers auch abseits der großen Hersteller umschauen, denn der automobile Mittelstand Deutschlands ist von weltweit einzigartiger Innovationskraft. Einige mittelständische Betriebe gelten als Hidden Champions und sind somit über die deutschen Grenzen hinaus anerkannte Größen. Zulieferer stehen für drei Viertel der Wertschöpfung eines Automobils und bilden das Rückgrat der deutschen Wirtschaft. Daher bietet der Mittelstand angehenden Absolventen vielfältige Möglichkeiten.

Was sind spezielle Anforderungen an Wirtschaftswissenschaftler: mit Abschluss Bachelor, mit Abschluss Master? Was hat sich in den vergangen Jahren verändert?

Die deutsche Automobilindustrie ist in den vergangenen Jahren noch internationaler geworden. Der globale Erfolg von Fahrzeugen „Made in Germany" fußt auf der „Zwei-Säulen-Strategie" der Unternehmen. Diese umfasst sowohl den Ausbau der Produktionsstandorte im Ausland als auch die starke Exportbasis im Inland. Von vier in Deutschland produzierten Neuwagen gehen drei in den Export. Somit sollten sich interessierte Wirtschaftswissenschaftler darauf einstellen, in einem globalisierten Arbeitsumfeld zu arbeiten. Neben den dafür erforderlichen Sprachkompetenzen sollten Einsteiger teamfähig sein und interkulturelles Verständnis besitzen. Angehende Absolventen sollten außerdem erste Praxiserfahrungen in der Industrie gemacht haben. Praktika können interessierten Wirtschaftswissenschaftlern einen ersten Einblick in alltägliche Arbeitsabläufe ermöglichen und ihnen zeigen, was sie bei zukünftigen Arbeitgebern zu erwarten haben. Ob Bachelor oder Master – entscheidend ist stets, dass der junge Ökonom eine gute Performance aufweist, und zwar sowohl in seinen schriftlichen Zeugnissen als auch im persönlichen Auftreten.

3.1.1 Die Branche in Zahlen

PS statt pecunia? Eine Studie des Beratungsunternehmens Deloitte unter knapp 110.000 Wirtschaftsstudierenden zeigt, dass viele Wirtschaftswissenschaftler mehr Freude am Fahren als am Geld haben – zumindest wenn es darum geht, was im Job bewegt wird. Denn so ist der Beruf des Investmentbankers besonders in Deutschland ramponiert. Glänzend steht dagegen die Automobilindustrie da, wie diverse Studien (u. a. Universums „Beste Arbeitgeber") zeigen.

Deutschlands Jungakademiker präferieren Arbeitgeber wie Audi, BMW, Porsche. Erst dann folgen die IT-Branche oder deutsche Traditionsunternehmen wie Siemens, so das Berliner Forschungsinstitut Trendence in der Studie „Young Professional Barometer". Die (renommierte) Automarke strahlt nicht nur auf den Käufer ab. Ein Fahrzeug der Marken Audi, Porsche, BMW oder Mercedes ist nicht nur ein Statussymbol im Alltag, sondern auch im

Arbeitsleben. Bei den deutschen Herstellern zeigt sich, wie sich Employer Branding umsetzt. Die Marken „markieren" nicht nur die Fahrzeuge. Sie „markieren" auch eine bestimmte Form von Arbeit. Diese kennzeichnet sich durch ein gutes Arbeitgeber-Image, attraktive Arbeitsaufgaben, angesehene Produkte und Innovationskraft aus. Anziehend sind aber auch unterschiedliche, individuell auszusteuernde Modelle zur Arbeitszeit oder zur – besonders von weiblichen Mitarbeitern geschätzten – Work-Life-Balance.

Der Pkw-Weltmarkt hat 2014 um 4 % auf 76,1 Mio. Einheiten zugelegt. Getragen wurde diese Dynamik vornehmlich von der intakten Konjunktur des chinesischen- und des US-amerikanischen Marktes. China steigerte seinen Absatz mit einem Plus von 13 % auf gut 18,4 Mio. Pkw. Der US-Markt wuchs 2014 um 6 % auf 16,4 Mio. Einheiten und hat damit das Vorkrisenniveau erreicht. Einige Märkte wie Russland und Südamerika verzeichneten jedoch deutliche Rückgänge.

Der westeuropäische Pkw-Markt legte 2014 – erstmals nach vier Jahren Rückgang – um 5 % auf 12,3 Mio. Neuwagen zu. Allerdings kommen die EU-Länder mit unterschiedlichen Geschwindigkeiten voran: Portugal und Irland, mit 35 bzw. 30 %, verzeichneten den größten Anstieg. Spanien legte um 18 % zu. In Großbritannien wurden vergangenes Jahr 8 %, in Italien 4 % mehr Pkw verkauft. Allerdings befindet sich der italienische Markt immer noch unterhalb des Vorkrisenniveaus. Enttäuschend blieb Frankreich mit nur 1,8 Mio. verkauften Einheiten.

In einem weltpolitisch schwierigen Fahrwasser ist die deutsche Automobilindustrie insgesamt auf Erfolgskurs geblieben: Der deutsche Pkw-Markt hat 2014 mit 3,04 Mio. Einheiten einen Anstieg um 3 % verzeichnet. Dabei wuchs die Pkw-Produktion an deutschen Standorten ebenfalls um 3 % auf mehr als 5,6 Mio. Neufahrzeuge. Der Export erreichte im Gesamtjahr ein Volumen von 4,3 Mio. Einheiten. Jedes zweite exportierte Auto ging dabei nach Westeuropa (51 %). Der amerikanische und der chinesische Markt bilden auf globaler Ebene unverändert die wichtigsten Absatzmärkte für die deutsche Automobilindustrie. Jedes siebte (14 %) bzw. jedes 16. Fahrzeug (6 %) wurden in die USA und nach China exportiert.

Weltweit produzierten die deutschen Konzernmarken im vergangenen Jahr 14,94 Mio. Einheiten, ein Plus von 6 % im Vergleich zu 2013. Der Umsatz der Hersteller erreichte mit einem Anstieg um 7 % auf 385,5 Mrd. Euro Rekordniveau. Im weltweiten Vergleich zeigt sich die volkswirtschaftliche Bedeutung der Autoindustrie: Ihr Anteil an der gesamten Wertschöpfung in Deutschland ist weit höher als in Frankreich, Südkorea, Japan oder den USA.

Doch die Wertschöpfungskette reduziert sich nicht nur auf die Hersteller und die hier zu findenden Arbeitsbereiche. Am gesamten Produktionsprozess sind viele Akteure unterschiedlicher Beschäftigungsdichte beteiligt: Automobilhersteller, System- und Komponentenzulieferer, die Rohmaterialhersteller. In der Peripherie der industriellen Produktion finden sich weitere Berufe und Dienstleistungsunternehmen: Logistik, Vertrieb, Kauffinanzierung, Autoleasing bis zum stationären und (zunehmenden) Online-Handel. Während die Autohersteller dem Konsumenten als Marke gegenübertreten und bekannt sind, bleiben die Zulieferbetriebe trotz ihrer Größe eher „Hidden Champions": Bosch, Continental/ Schaeffler, Thyssen-Krupp, ZF und BASF.

Bis Ende 2014 stieg die Beschäftigung um zwei % auf gut 781.000 Mitarbeiter – trotz der noch nicht bewältigten Euro-Krise. Allein bei den Zulieferern erfolgte ein Zuwachs der Stammbelegschaft um mehr als 6.000 Mitarbeiter auf knapp 298.000 Beschäftigte (+2 %). Über diesen Kern-Arbeitsmarkt hinaus erschließen sich weitere berufliche Perspektiven: Über 1,8 Mio. Arbeitnehmer sind direkt oder indirekt mit der Autoindustrie verflochten, so etwa Gießereien. Bei einer Berechnung des VDA, die auch Straßenbau, Transport oder Werkstätten mit allein 450.000 Mitarbeitern berücksichtigt, ergibt sich: Jeder siebte Arbeitsplatz ist mit Mobilität verknüpft.

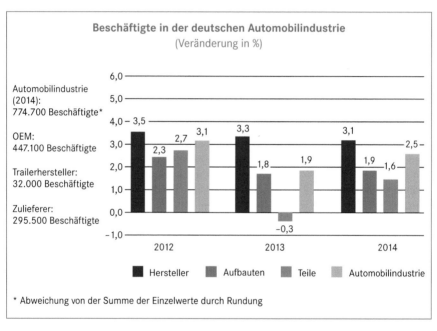

Beschäftigte in der deutschen Automobilindustrie
(Veränderung in %)

Automobilindustrie
(2014):
774.700 Beschäftigte*

OEM:
447.100 Beschäftigte

Trailerhersteller:
32.000 Beschäftigte

Zulieferer:
295.500 Beschäftigte

Hersteller   Aufbauten   Teile   Automobilindustrie

* Abweichung von der Summe der Einzelwerte durch Rundung

Quelle: Statistisches Bundesamt

3.1.2. Ausblick

Die deutschen Hersteller und Zulieferer investieren weltweit pro Jahr rund 30 Mrd. Euro in Forschung und Entwicklung (F&E). Jeder dritte deutsche Euro, der für Forschung und Entwicklung ausgegeben wird, stammt aus der Automobilindustrie. Mit fast 90.000 Mitarbeitern steht fast ein Viertel der gesamten F&E-Mitarbeiter der deutschen Industrie in Diensten der Autohersteller.

Auf der Agenda stehen dabei seit Jahren auch neue Themen gemäß des Langzeit-Credos „weg vom Öl": Senkung der CO_2-Emissionen der Fahrzeuge, urbane Mobilität, Elektromobilität. Bis Ende 2015 bringen die deutschen Hersteller 29 Elektro-Serienmodelle auf den Markt, als Plug-in-Hybrid, Range Extender oder rein batteriebetriebenes Fahrzeug. Zusätzlich zu alternativen Antriebstechnologien rücken auch andere technische Disziplinen in den Vordergrund. So etwa die Informationstechnologie im Bereich „vernetztes Fahren". Das „Sharing"-Prinzip „Connected Car" erfasst zudem auch die Auto-Branche. Sie basiert auf intelligenten IT-Lösungen zum Informationsaustausch aller Verkehrsteilnehmer untereinander und der Vernetzung mit dem Internet.

In diesem Feld finden sich auch Entwicklungen, Autos mit Kommunikationssystemen zu vernetzen, um Unfälle zu vermeiden oder Verkehrsströme zu lenken. Das Schlagwort lautet: „always connected".

Das Automobiljahr 2015 bietet Wachstumschancen, auch wenn sich Westeuropa nur langsam erholt. Für den Weltmarkt wird ein Zuwachs von 2 % auf rund 77,4 Mio. Einheiten prognostiziert. Vor allem dem Markt in China wird ein hohes Wachstumspotenzial mit 6 % zugerechnet. Der US-Markt soll einen leichten Zuwachs um 2 % erfahren. In der deutschen Automobilindustrie wird ein Plus bei den Exporten und der Produktion sowie eine stabile Beschäftigung erwartet. Allerdings werden politische Spannungen in einigen Teilen der Welt Unsicherheiten für die globale Automobilindustrie mit sich bringen.

Die Agenda der Innovationen bietet zwei große Themen für die Zukunft: Die Elektromobilität und das vernetzte Fahren. In der Elektromobilität sind die deutschen Hersteller Vorreiter. Jedoch muss die Politik Anreize für den Kauf eines Elektroautos oder eines Plug-In-Hybrid setzen, damit Kunden sich mehr als bisher für E-Modelle entscheiden. Das vernetzte bzw. automatisierte Fahren ist der zweite große Innovationstreiber für die Automobilindustrie. Dennoch müssen mehrere Stufen vom teilautomatisierten zum hochautomatisierten bis zum vollautomatisierten Fahren innerhalb eines Entwicklungsprozesses in den nächsten Jahren absolviert werden. Die Weiterentwicklung und Integration zahlreicher Assistenzsysteme ermöglichen diese Evolution des Autofahrens. Erste Anwendungen werden für Stau- und Autobahnszenarien zur Verfügung stehen. Es gilt jedoch, parallel zu den technischen Fortschritten den rechtlichen Rahmen für die neuen Technologien zu bilden.

3.2. Bauwirtschaft

„Junge Bauingenieure haben sehr gute Beschäftigungschancen."

Interview mit Felix Pakleppa, Hauptgeschäftsführer Zentralverband Deutsches Baugewerbe, Berlin

Wie wirkt sich die konjunkturelle Lage der Wirtschaft generell auf Ihre Branche aus?

Trotz der Unsicherheiten in der Gesamtwirtschaft ist die deutsche Bauwirtschaft für das Baujahr 2015 zuversichtlich gestimmt. Wir erwarten für das laufende Jahr ein nominales Wachstum der baugewerblichen Umsätze im deutschen Bauhauptgewerbe von 2 % auf 101 Mrd. Euro. Damit wird die 100-Mrd.-Marke erstmalig seit 2000 wieder überschritten. So bleibt der Wachstumstrend intakt, wenngleich das Tempo nachgibt. Die Beschäftigungslage bleibt gut. Wir gehen davon aus, dass in den nächsten fünf Jahren rund 90.000 Beschäftigte und in den nächsten zehn Jahren insgesamt 160.000 Beschäftigte in Rente gehen werden. Die Branche beschäftigt aktuell im Jahresschnitt 760.000 Menschen.

Wie fällt Ihre Sicht auf den Arbeitsmarkt für Akademiker von morgen aus?

Die deutsche Bauwirtschaft braucht weiter und dauerhaft gut ausgebildete und hoch qualifizierte Fachkräfte. Das gilt für gewerbliches Personal gleichermaßen wie für Akademiker, hier besonders Bauingenieure. Bereits heute ist der Markt wie leer gefegt. Die Jahre der Krise sind überwunden, dies ist auch bei den Studienanfängern angekommen, der Ingenieurberuf wird wieder attraktiver. Zu Recht: Die Bauwirtschaft ist der größte Arbeitgeber in Deutschland und trägt mehr zum Bruttoinlandsprodukt bei als die im Fokus des öffentlichen Interesses stehenden Branchen, wie Elektro, Kfz oder Chemie. Insofern haben junge Bau- oder Wirtschaftsingenieure sehr gute Beschäftigungschancen.

Welche Schwerpunkte oder Innovationen werden Treiber des Arbeitsmarktes der Bauwirtschaft sein?

Die Schwerpunkte werden von der Energiewende, dem demografischen Umbau sowie dem Ausbau und Erhalt unserer Infrastruktur bestimmt sein. Energieeffizienz ist das Gebot der Stunde. Die werden wir nur erreichen, wenn wir in unseren Gebäudebestand investieren. Darüber hinaus wird Bauen und Sanieren mit Passivhaus-Standard oder mit Plus-Energie-Standard Deutschland auch technologisch voranbringen, sodass Forschung und Entwicklung, aber auch die Herstellerindustrie profitieren. Die Energiewende, richtig gemacht, könnte zum Exportschlager „Made in Germany" werden. Der demografisch bedingte Umbau von Wohnungen, Wohngebäuden wie von Städten und Gemeinden ist ebenso dringlich. Denn mittelfristig brauchen wir bis zu drei Mio. barrierefreie Wohnungen. Dazu gehört auch der Umbau der kommunalen Infrastruktur, die sich einer älter werdenden Gesellschaft anpassen muss. Zu guter Letzt wird unser Land zukünftig mehr in seine

Verkehrsinfrastruktur investieren müssen, will es seine führende Rolle als bedeutender Wirtschaftsstandort in Europa und der Welt behalten und ausbauen.

3.2.1. Die Branche in Zahlen

Augenscheinlich geht es der Branche gut: Baustellen und Kräne dominieren manches Stadtbild. Zinsgünstige Finanzierungsmöglichkeiten motivieren private Bauherren. Die weiterhin anhaltende Skepsis besonders der Privatanleger begünstigt die Wahl des „Betongoldes" als Anlage-Alternative und als Sicherung der Altersvorsorge. Die Branche insgesamt ist optimistisch. Dazu tragen alle drei Bausparten bei, aber insbesondere der Wohnungsbau: Im Wohnungsbau geht der Zentralverband des Deutschen Baugewerbes (ZDB) für 2015 nicht von großen Änderungen aus. Eine anhaltend hohe Zuwanderung nach Deutschland, ein stabiler Arbeitsmarkt verbunden mit steigenden Realeinkommen der privaten Haushalte, ein historisch niedriges Hypothekenniveau und Minimalrenditen auf alternative, sichere Kapitalanlagen schaffen weiter ein äußerst günstiges Umfeld für Wohnungsbauinvestitionen. Trotz des deutlichen Aufwärtstrends wird bei den Fertigstellungen das bedarfsdeckende Niveau von 250.000 Wohneinheiten einmal erreicht. Die Defizite aus den Vorjahren sind damit noch nicht aufgeholt. Der Umsatz des Bauhauptgewerbes in dieser Sparte wird im laufenden Jahr um 3,0 % auf 36,8 Mrd. Euro steigen.

Für die Entwicklung im Wirtschaftsbau wird es entscheidend darauf ankommen, wie sich die Gesamtwirtschaft entwickelt. Kommt es – vor allem durch niedrige Ölpreise – tatsächlich zu einem kleinen Konjunkturschub für Deutschland und legen die Wachstumsraten des Bruttoinlandsprodukts im Jahresverlauf 2015 zu, könnte die Entwicklung im Wirtschaftsbau dynamischer verlaufen, als es sich derzeit abzeichnet. Investoren reagieren – im Guten wie im Schlechten – zunehmend kurzfristiger auf Marktsignale. Aus heutiger Sicht erscheint 2015 im Wirtschaftsbau allerdings nur ein Umsatzplus von 1,5 % auf 36,3 Mrd. realistisch.

Für den Öffentlichen Bau befürchtet das Baugewerbe, dass die Konsolidierung der öffentlichen Haushalte erneut zulasten von Investitionen geht. Betrachtet man die Einnahmenseite, könnte man 2015 auf einen deutlichen Investitionsschub hoffen. Nach der Schätzung vom November sollen im laufenden Jahr die Steuereinnahmen von Bund, Ländern und Gemeinden abermals einen neuen Rekordwert erreichen und das Vorjahresergebnis um immerhin 18,7 Mrd. Euro bzw. 3,1 % übertreffen. Seit dem Vorkrisenjahr 2008 sind die Steuereinnahmen bis 2014 bereits um 16,7 % angestiegen, während das Umsatzplus im Öffentlichen Bau lediglich bei 7,4 % gelegen hat. Schon jetzt ist absehbar, dass die Ausgaben des Bundes für Baumaßnahmen um 140 Mio. Euro bzw. 2,0 % unter dem Vorjahresergebnis liegen. Auch bei den Bundesländern ist im laufenden Jahr nur mit stagnierenden Bauausgaben zu rechnen. Lediglich die Gemeinden, auf die aktuell etwa 55 % der öffentlichen Bauausgaben entfallen, werden im laufenden Jahr laut Deutschem Städtetag ihre Bauausgaben um 2,0 % erhöhen. Aus heutiger Sicht wird daher für den Öffentlichen Bau im Bauhauptgewerbe nur ein mageres Umsatzplus von lediglich 1,0 % erwartet, der Umsatz liegt damit bei 28 Mrd. Euro.

3.1.2. Ausblick

Für 2015 erwartet der ZDB 760.000 Beschäftigte. Dabei weist der Verband darauf hin, dass es immer schwieriger wird, Fachkräfte hinzuzugewinnen. Offenbar kehrt sich ein bisheriger Trend um: Von 1995 bis 2005 hat sich die Zahl der Beschäftigten im Zuge der Baukrise halbiert. Der Beschäftigtenabbau ist aber gestoppt. Die bessere baukonjunkturelle Entwicklung sowie Befürchtungen eines Arbeitskräftemangels lassen die Unternehmen ihre Belegschaft halten. Dies wird schwieriger, da die Zahl der Nachwuchskräfte (Auszubildende und Studierende) den Abgang in die Rente nicht ausgleicht. Die zunehmende Lücke spiegelt sich auch im Rückgang der Zahl der Arbeitslosen wider.

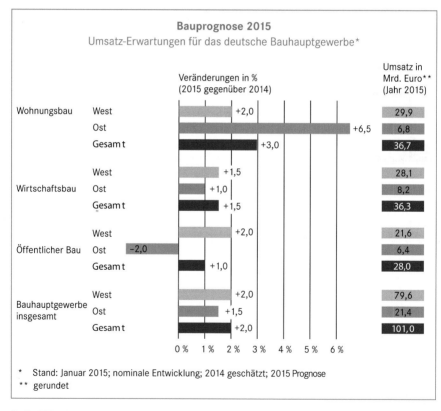

Bauprognose 2015
Umsatz-Erwartungen für das deutsche Bauhauptgewerbe*

Veränderungen in %
(2015 gegenüber 2014)

Umsatz in Mrd. Euro**
(Jahr 2015)

		Veränderung	Umsatz
Wohnungsbau	West	+2,0	29,9
	Ost	+6,5	6,8
	Gesamt	+3,0	36,7
Wirtschaftsbau	West	+1,5	28,1
	Ost	+1,0	8,2
	Gesamt	+1,5	36,3
Öffentlicher Bau	West	+2,0	21,6
	Ost	-2,0	6,4
	Gesamt	+1,0	28,0
Bauhauptgewerbe insgesamt	West	+2,0	79,6
	Ost	+1,5	21,4
	Gesamt	+2,0	101,0

0 %   1 %   2 %   3 %   4 %   5 %   6 %

* Stand: Januar 2015; nominale Entwicklung; 2014 geschätzt; 2015 Prognose
** gerundet

Quelle: ZDB/HDB

3.2.2. Die Branche ... im Ausblick

Heute sind etwa 20 % kaufmännische oder technische Angestellte, knapp 70 % gewerbliche Arbeitnehmer. Hier zeigen sich zwei Trends. Auf der einen Seite steigt der %uale Anteil der Mitarbeiter bei kleineren, teilweise spezialisierten Unternehmen. Auf der anderen Seite beklagen Unternehmen einen Fachkräftemangel: 160.000 Beschäftigte scheiden in den kommenden zehn Jahren aus. 10.000 Berufsanfänger braucht die Branche jährlich als Ersatz. Der Einstellungsbedarf allein bei Ingenieuren liegt bei 4.500 Neueinstellungen pro Jahr, noch immer gibt es zu wenige Studienabsolventen pro Jahr.

Die Spezialisierung in der Branche nimmt zu, da u. a. auch die (energie-)wirtschaftlichen Anforderungen an effektives Bauen zunehmen. Das setzt sich auch in der Ausbildung um. Parallel zum klassischen Bauingenieurstudium bieten viele Bildungsinstitutionen eigenständige Studiengänge für Spezialeinsatzgebiete an, z. B. Bauprozessmanagement, Energieeffizientes Bauen oder Europäisches Baumanagement.

3.3 Chemische Industrie

„Gute Aussichten, weil Chemie und Pharma Schlüsselrollen wahrnehmen"

Interview mit Dirk Meyer, Geschäftsführer Bildung, Wirtschaft, Arbeitsmarkt im Bundesarbeitgeberverband Chemie (BAVC), Wiesbaden

Wie bewerten Sie den aktuellen Arbeitsmarkt für Akademiker in der Chemiebranche?

Der wirtschaftliche Ausblick ist insgesamt positiv. Wir gehen von einem moderaten Wachstumskurs für die chemisch-pharmazeutische Industrie aus. 2014 konnte die Branche erneut einen leichten Beschäftigungszuwachs verzeichnen. Auch Akademiker haben von dieser Entwicklung profitiert.

Wie fällt Ihre Sicht auf den Arbeitsmarkt von morgen aus?

Die Aussichten für Absolventinnen und Absolventen sind gut. Dies gründet vor allem darin, dass die Chemie- und Pharma-Unternehmen für die Megatrends wie Energie, Mobilität, Gesundheit und Ernährung eine Schlüsselrolle wahrnehmen. Die forschungsintensive und international agierende Branche lebt von Innovationen und arbeitet schon heute an Lösungen von morgen.

Deshalb sind die Unternehmen mehr denn je auf motivierte und qualifizierte Fachkräfte und Wissenschaftler angewiesen. Vorwiegend Ingenieure und Ingenieurinnen der Verfahrenstechnik, des Chemieingenieurwesens und der Biotechnologie werden aktuell gesucht, ebenfalls Chemikerinnen und Chemiker mit Spezialgebieten wie Elektrochemie oder makromolekulare Chemie. Auch Volks- und Betriebswirte können in der Chemie-Branche Fuß fassen, ebenso Juristen mit dem Schwerpunkt Arbeits- oder Patentrecht, denn in kaum einer anderen Branche haben Innovationen einen so hohen Stellenwert wie hier.

Wie bewerten Sie das Thema Fachkräftemangel?

Unser Akademikeranteil liegt bei gut 16 % – Tendenz steigend. Mit Blick auf die wirtschaftliche Entwicklung und den demografischen Wandel erwarten wir, dass der Bedarf an gut qualifizierten Nachwuchskräften hoch bleiben wird. Für die naturwissenschaftlich geprägte Chemie sind qualifizierte MINT-Akademiker (Mathematik, Informatik, Naturwissenschaften und Technik) naturgemäß von besonderer Bedeutung. Etwa zwei Drittel der Hochschulabsolventen bringen einen naturwissenschaftlichen oder technischen Abschluss mit. Chemiker bilden die Mehrheit, gefolgt von Ingenieuren. Allerdings bieten die Unternehmen auch anderen Absolventen gute Einstiegsmöglichkeiten – etwa Wirtschaftswissenschaftlern, Juristen oder IT-Spezialisten.

3.3.1 Die Branche in Zahlen

In Europa erwirtschaftet die deutsche Chemie gut ein Viertel des Chemie-Umsatzes und ist damit mit Abstand die Nummer 1. Weltweit belegt sie hinter China, den USA und Japan Rang 4. In Deutschland ist die Chemie einer der wichtigsten Wirtschaftszweige. 10 % aller Chemie-Beschäftigten in Deutschland arbeiten daran, neue Produkte zu erforschen und zu entwickeln. Chemie und Pharma investieren pro Jahr über 10 Mrd. Euro in die Forschung und Entwicklung (F & E). Das sind über 17 % aller F & E-Aufwendungen der deutschen Industrie – Platz 3 nach der Automobil- und der Elektroindustrie.

Die wirtschaftliche Erholung Europas verhalf der Chemie im Geschäftsjahr 2014 zu einem leichten Produktionsplus. Die Produktion stieg im Gesamtjahr 2014 um 1,5 %. Dabei legte die Pharmaproduktion mit 5,7 % stark zu, während die übrigen Chemie-Sparten im Durchschnitt um 0,4 % zurückgingen. Die Preise sanken um 1,4 %, weil bei schleppendem Absatz die rückläufigen Rohstoffpreise rasch an die Kunden weitergegeben wurden. Der Branchenumsatz stieg um 1,4 % auf 193,2 Mrd. Euro. Die Chemie-Branche schaffte im Jahr 2014 insgesamt 1,5 % mehr Jobs. Die Zahl der Beschäftigten stieg auf 444.500. Seit der Weltwirtschaftskrise 2009 hat die deutsche Chemie-Industrie somit 29.700 neue Jobs geschaffen.

Konjunkturindikatoren zur deutschen chemischen Industrie
Chemie-Kennzahlen für 2014
Vergleich mit 2013 (Zahlen sind gerundet)

	Veränderung in %	Jahreswert 2014
Produktion	+1,5	–
ohne Pharma	+0,4	–
Erzeugerpreise	–1,4	–
Umsatz	+1,4	193,2 Mrd. Euro
Umsatz Inland	+2,0	77,7 Mrd. Euro
Umsatz Ausland	+1,1	115,5 Mrd. Euro
Beschäftigte	+1,5	444.500
Kapazitätsauslastung (in %)	–	83,2 %

VCI-Prognose für die Chemiekonjunktur 2015
Prognose für das Gesamtjahr 2015 (Veränderung in % gegenüber 2014)

	Chemie mit Pharma	Chemie ohne Pharma
Produktion	+1,5	+1,0
Erzeugerpreise	–2,0	–2,5
Umsatz	+0,5	–1,5

Quelle: Verband der Chemischen Industrie, Konjunktur-Indikatoren zur deutschen chemischen Industrie, Chemie-Kennzahlen für 2014

3.3.2. Ausblick

Für das Gesamtjahr 2015 rechnet der Verband der Chemischen Industrie (VCI) mit einem moderaten Anstieg der Chemie-Produktion in Höhe von 1,5 %. Die Chemikalienpreise werden voraussichtlich um 2 % sinken, weil die niedrigen Rohstoffkosten rasch an die Kunden weitergegeben werden müssen. Der Branchenumsatz schrumpft daher in diesem Jahr leicht (-0,5 %) auf nur noch 192,2 Mrd. Euro.

Das optimale Einstiegsprofil je nach Berufsperspektive sieht für Dirk Meyer vom Bundesarbeitgeberverband Chemie wie folgt aus: „Nach wie vor gilt: Für Chemikerinnen und Chemiker, die ihre Zukunft in der Forschung und Entwicklung sehen, ist meist Promotion und Forschungserfahrung erwünscht. Bei anderen Fachrichtungen – Naturwissenschaften, Ingenieurwesen, Betriebswirtschaft – bestehen je nach Einstiegsposition gute Perspektiven für Master- und auch Bachelor-Absolventen."

Die Branche im Zitat:

Dr. Gerd Romanowski, VCI-Geschäftsführer Wissenschaft, Technik und Umwelt

„Forschung wird in unserer Branche interdisziplinärer: Chemiker, Physiker, Materialwissenschaftler und Ingenieure arbeiten verstärkt zusammen, um Lösungen für die Megatrends des 21. Jahrhunderts zu entwickeln. Organische Leuchtdioden etwa senken den Energieverbrauch und schützen so das Klima. Wir forschen auch an besseren Katalysatorsystemen, um in der chemischen Produktion wertvolle Rohstoffe zu sparen und unerwünschte Nebenprodukte zu vermeiden. Große Bedeutung haben neue Arzneimittel und Therapiemethoden, denn die Menschen werden älter und möchten dabei gesund bleiben. Jeder Studierende ist gut beraten, noch stärker als bisher über den Tellerrand seines Studienfaches zu schauen."

3.4 Energiewirtschaft

„Vor dem Hintergrund der Energiewende entwickeln sich neue Berufsbilder."

Interview mit Hildegard Müller, Vorsitzende der Hauptgeschäftsführung des Bundesverbandes der Energie- und Wasserwirtschaft (BDEW), Berlin

Welche Entwicklungen beobachten Sie derzeit auf dem Arbeitsmarkt Energiewirtschaft?

Seit der Energiewende und dem beschlossenen Ausstieg aus der Kernenergie wächst der Veränderungsdruck auf die Energiebranche in Deutschland. Insbesondere rund um den Zukunftsmarkt Erneuerbare Energie haben sich etliche Unternehmen aufgestellt – ob mit technischen Produkten, Services oder Finanz- und Beratungsleistungen. Dazu zählen auch die klassischen Energieversorger mit ihren neuen Geschäftszweigen oder Tochterunternehmen für regenerative Produkte. Die Energiewende verändert unsere Wirtschaft nachhaltig. Damit sich Energieunternehmen neu ausrichten und ihre Geschäftsmodelle grundlegend neu aufstellen können, benötigen sie Fachkräfte. Neue Berufsbilder, die es vor Jahren noch nicht gab, werden künftig noch stärker gefragt sein: Hier können junge Berufseinsteiger ansetzen.

An welcher Stelle ergeben sich neue Perspektiven für interessierte Absolventen?

Vor allem im Bereich der Energiedienstleistung sind in den letzten Jahren viele Unternehmen neu auf den Markt gekommen. Darüber hinaus gibt es zahlreiche Anbieter für Netze / Energieübertragung, Energie-Contracting und Umwelttechnik /-management sowie auf die Energiewirtschaft spezialisierte IT- und Software-Anbieter, Gutachter und Zertifizierer.

Im Bereich der Energietechnik überwiegen die Kraftwerks- und Anlagenbauer sowie Hersteller für Netztechnik, Zählerwesen, Messtechnik oder Geoinformationssysteme. Die Zahl der Anbieter im Bereich der Erneuerbaren Energien wächst natürlich auch stetig und damit die Möglichkeiten, sich in diesem Bereich zu engagieren.

In welchen Bereichen gibt es derzeit den größten Bedarf an Nachwuchskräften?

Die Unternehmen der Energiewirtschaft brauchen kompetente und motivierte Fachkräfte – dies gilt insbesondere für Energie-, Klima- oder Umweltingenieure. Beim Ausbau Erneuerbarer Energien – etwa bei der Installation und Wartung von Windanlagen vor den Küsten – gibt es bereits jetzt einen Mangel an Fachkräften. Auch für Ingenieure, die die künftige Energieversorgung durch intelligente Netze steuern werden, ist die Nachfrage schon heute größer als das Angebot.

Vor dem Hintergrund der Energiewende haben sich diverse neue Berufsbilder entwickelt: Regulierungsmanager, Power-Trader, Portfoliomanager oder Netzingenieure. Die Energieunternehmen werden zusätzliche IT-Fachkräfte benötigen, damit die Kommunikation zwischen der Netzleitstelle und dem Haushalt noch intelligenter wird. Auch in der Erforschung von Speichermöglichkeiten wird sich einiges tun. Nicht zu vergessen ist die Entwicklung von alternativen Mobilitätskonzepten, wie z. B. die Elektro- und Erdgasmobilität. In all diesen Bereichen sind Innovationen das Schlüsselthema für die Zukunft.

Wie können Absolventen am besten mit einem Unternehmen in Kontakt treten?

Um einen möglichst direkten Zugang zu qualifizierten Arbeitskräften zu finden, bieten viele Unternehmen Praktikumsplätze an und betreuen Bachelor- und Master-Arbeiten sowie Promotionen. Absolventen können sehr zügig als Trainees einsteigen. Aber auch der klassische Kontakt auf den regionalen Ausbildungs- und Hochschulmessen, Infoveranstaltungen und Exkursionen speziell für interessierte Schul- und Hochschulabgänger ist eine gute Möglichkeit, mit den Personalverantwortlichen ins Gespräch zu kommen. Selbstverständlich bieten die Versorger heute auch alle einen digitalen Zugang zu ihren Jobangeboten. Hier findet man in der Regel Informationen zu Einstiegsmöglichkeiten und Ansprechpartnern. Außerdem sind viele Unternehmen in Online-Netzwerken präsent. Dort suchen sie auch selbst aktiv nach potenziellen Kandidatinnen und Kandidaten. Viele Unternehmen bieten zudem die Möglichkeit, nach dem Abschluss einer Ausbildung Vollzeit zu studieren und zugleich Kontakt zum Unternehmen zu behalten.

3.4.1 Die Branche in Zahlen

Der Bundesverband der Energie- und Wasserwirtschaft (BDEW), Berlin, vertritt über 1.800 Unternehmen. Das Spektrum der Mitglieder reicht von lokalen und kommunalen über regionale bis hin zu überregionalen Unternehmen. Sie repräsentieren rund 90 % des Stromabsatzes, gut 60 % des Nah- und Fernwärmeabsatzes, 90 % des Erdgasabsatzes sowie 80 % der Trinkwasser-Förderung und rund ein Drittel der Abwasser-Entsorgung in Deutschland.

Dabei zeigt die gesamte Branche Wasser- und Energiewirtschaft eine leicht rückläufige Entwicklung der Beschäftigung, nachdem Mitte der 90er Jahre ein vergleichsweise starker Zuwachs zu verzeichnen war.

Beschäftigte in der Energiewirtschaft

Jahr	Wärme-/ Kälte- versorgung	Gas	Strom	Gesamt	Verände- rungen zum Vorjahr in %
1991	25.528	46.214	217.600	289.342	
1992	24.538	46.292	210.200	281.030	−2,9
1993	23.691	48.531	204.400	276.622	−1,6
1994	22.163	47.747	196.300	266.210	−3,8
1995	20.406	47.107	187.900	255.413	−4,1
1996	18.648	45.085	178.900	242.630	−5,0
1997	17.900	44.815	171.100	233.815	−3,6
1998	17.299	43.247	160.426	220.972	−5,5
1999	16.399	41.003	151.076	208.478	−5,7
2000	16.180	37.308	141.417	194.905	−6,5
2001	15.834	36.570	140.878	193.282	−0,8
2002	15.717	34.715	145.013	195.445	+1,1
2003	15.332	35.457	135.978	186.767	−4,4
2004	15.358	37.317	137.516	190.191	+0,4
2005	15.138	37.447	132.530	185.115	−2,7
2006	15.238	36.689	132.976	184.903	+1,0
2007	14.968	36.345	132.506	183.819	−0,4
2008	14.369	37.026	32.250	183.645	+0,7
2009	15.309	35.382	130.417	181.108	−0,3
2010	15.224	35.004	132.030	182.258	+0,8
2011	15.039	35.206	130.008	180.253	+0,2
2012	14.660	35.425	129.267	179.352	−0,5
2013	15.428	34.229	128.213	177.870	−0,8
2014*	15.300	34.100	127.500	176.900	−0,5

*vorläufig

Quellen: Destatis (Wärme/Kälte: Ausgewählte Zahlen zur Energiewirtschaft, Tab. 5.2; Gas und Strom: FS 04, R 6.1 Beschäftigung, Umsatz, Investitionen); BDE Gas: bis 2003 BGW-Gasstatistik; ab 2004 Destatis

Exkurs: Im Fokus des öffentlichen, aber auch des politischen Interesses steht oft der Ausbau der erneuerbaren Energien. Hier stellt die Gesellschaft für Wirtschaftliche Strukturforschung (GWS) einen Zusammenhang zu den Beschäftigungseffekten in den Bundesländern fest: So gingen in der Solar-Industrie in den vergangenen Jahren viele Industriearbeitsplätze verloren, vor allem in Brandenburg, Sachsen, Sachsen-Anhalt und Thüringen, aber auch in Schleswig-Holstein oder Niedersachsen. Die Zahl der Beschäftigten sank von 114.000 in 2012 um fast 40 % auf 68.500 im Jahr 2013. Betroffen sind aber auch Jobs bei Installations- und Handwerksbetrieben.

Auf der anderen Seite profitierte die Windbranche insbesondere im Norden. So waren 2013 etwa 371.000 Menschen direkt und indirekt in der Erneuerbare-Energien-Branche beschäftigt, die meisten davon – rund 61.000 – in Bayern. Die Gesamtzahl der Arbeitsplätze in der Windenergie stieg von 122.000 auf 138.000. Im Bereich Bioenergie arbeiten etwa 126.000 Menschen.

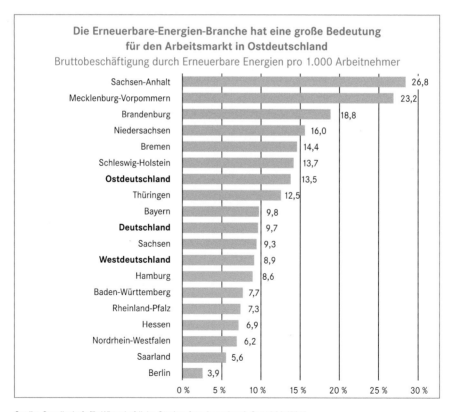

Die Erneuerbare-Energien-Branche hat eine große Bedeutung für den Arbeitsmarkt in Ostdeutschland

Bruttobeschäftigung durch Erneuerbare Energien pro 1.000 Arbeitnehmer

Sachsen-Anhalt	26,8
Mecklenburg-Vorpommern	23,2
Brandenburg	18,8
Niedersachsen	16,0
Bremen	14,4
Schleswig-Holstein	13,7
Ostdeutschland	13,5
Thüringen	12,5
Bayern	9,8
Deutschland	9,7
Sachsen	9,3
Westdeutschland	8,9
Hamburg	8,6
Baden-Württemberg	7,7
Rheinland-Pfalz	7,3
Hessen	6,9
Nordrhein-Westfalen	6,2
Saarland	5,6
Berlin	3,9

Quelle: Gesellschaft für Wirtschaftliche Strukturforschung (gws), Stand 09/2014

3.4.2. Ausblick

„Die Unternehmen der Energiewirtschaft haben die Erfahrung gemacht, dass das Image der eigenen Branche bei Nachwuchskräften positiv wahrgenommen wird – auch gegenüber anderen Branchen. Energieunternehmen sind insbesondere vor Ort stark, auch die Unternehmensgröße wird von Bewerbern oft als Vorteil empfunden. Mit diesen Stärken muss in Zeiten von Fachkräftemangel weiter Überzeugungsarbeit geleistet werden", so Hildegard Müller, Vorsitzende der BDEW-Hauptgeschäftsführung.

„Der BDEW hat eine branchenweite Nachwuchsinitiative ins Leben gerufen. Dabei soll insbesondere der Erfahrungsaustausch gefördert, Material zur Berufsorientierung erstellt sowie das Image der Branche als Arbeitgeber weiter verbessert werden", fährt Müller fort. Doch die Branche ist nicht nur mit einem möglichen Fachkräftemangel konfrontiert, sondern auch mit veränderten Rahmenbedingungen: Die Bezahlbarkeit und Versorgungssicherheit von Energie stehen weiter auf der Agenda ganz oben, dazu kommen Klimaschutz und geopolitische Bedingungen nationaler Energieversorgung. Zudem wirft das Erneuerbare-Energien-Gesetz neue Fragen auf: Im Rahmen der Energiewende führt der Ausbau der Erneuerbaren Energien und der notwendigen Infrastruktur zu wachsender Flächennutzung (auch der neuen Stromtrassen). Das stellt die Akzeptanzfrage für den Bürger neu. Wie sehen die Energienetze 2.0 aus? Welche Rolle spielt IT in der Energiewirtschaft? Wie heizt Deutschland morgen? Wie kann die Energieeffizienz gesteigert werden?

3.5 Special Finanzdienstleistungssektor: Breites Tätigkeitsfeld mit guten Aufstiegschancen

Berufseinsteiger mit Hochschulabschluss, die Interesse an Kapitalmarktthemen und der Finanzwirtschaft haben, sind in der Finanzdienstleistungsbranche gut aufgehoben. Denn das Jobangebot ist nicht nur sehr vielfältig und damit äußerst interessant, sondern auch die Karriere- und Aufstiegsmöglichkeiten sind mehr als gut.

3.5.1 Banken als Arbeitgeber

Banken und Sparkassen sind als Arbeitgeber bei Hochschulabsolventen nach wie vor sehr beliebt, auch wenn das Ansehen des „Bankers" durch die Finanzmarktkrise in nahezu allen Ländern stark gelitten hat. Dass Banken dennoch als attraktive Arbeitgeber bei Hochschullabsolventen gelten, hat mehrere Gründe: Zum einen bietet die Bankenbranche attraktive Produkte und Dienstleistungen an. Die Aufgabengebiete und Einsatzmöglichkeiten sind dementsprechend sehr abwechslungsreich. Zum anderen werden die Arbeitsbedingungen in den Instituten immer flexibler, sodass beispielsweise Familie und Beruf mittlerweile gut miteinander vereinbart werden können. Daneben wird die Tätigkeit bei einer Bank oftmals als Karriere-Sprungbrett angesehen.

Der Bankensektor im Überblick

Die Bankenwelt befindet sich im stetigen Wandel. Das führt zwangläufig dazu, dass auch die Aufgabenvielfalt im Bankensektor immer weiter zunimmt. So muss der Kundenberater zu immer komplexer werdenden Produkten beraten und dabei gleichzeitig die immer stringenter werdenden rechtlichen Vorschriften beachten. Viele Aufgabengebiete in einer Bank kommen jedoch auch ohne jeglichen Kundenkontakt aus, so etwa das Rechnungswesen, das Controlling oder auch die Revision. Weitere Einsatzmöglichkeiten bestehen in der Personalabteilung, im Marketing, im Vertriebsmanagement, im Investmentbanking sowie im Immobilien- und Pressebereich. Pressesprecher übernehmen die Kommunikation mit den Medien. Zudem informieren sie die Öffentlichkeit über wichtige Ereignisse und tragen damit zu einer positiven Gesamtdarstellung des Kreditinstituts in der Öffentlichkeit bei.

Als potenzieller Arbeitgeber fungiert zunächst die Deutsche Bundesbank. Sie übernimmt statistische Aufgaben und ist maßgeblich für die Umsetzung der Geldpolitik des Eurosystems in Deutschland, für die Refinanzierung des deutschen Bankensystems sowie für die Bargeldversorgung und Pflege des Bargeldumlaufs verantwortlich. Daneben gibt es die Geschäftsbanken, die miteinander im Wettbewerb stehen und sich im Gegensatz zu den Zentralbanken nicht an gesamtwirtschaftlichen Zielen, sondern an einzelwirtschaftlichen Zielen orientieren. Zu den Geschäftsbanken zählen zunächst die Universalbanken, die bei der Ausübung ihrer Geschäftstätigkeit keinerlei Beschränkungen unterliegen und damit das Einlagen- und Kreditgeschäft auf der einen Seite und das Wertpapiergeschäft auf der anderen Seite betreiben. Darüber hinaus bieten Universalbanken ihren Kunden auch Versicherungsleistungen, individuelle Dienstleistungen in den Bereichen Anlageberatung und Vermögensverwaltung sowie alternative Finanzierungsformen wie beispielsweise Leasing und Factoring an. Dem Universalbanksektor sind in Deutschland drei große Bankengruppen zuzuordnen. Dies sind:

- die privaten Geschäftsbanken wie die Deutsche Bank, die Commerzbank, die Hypovereinsbank und die Postbank
- die öffentlich-rechtlichen Kreditinstitute wie die Sparkassen und Landesbanken
- die Genossenschaftsbanken wie etwa die DZ Bank und WGZ Bank

Auch im Bereich Crowdfunding als alternative Finanzierungsform mischen die Banken mittlerweile mit: So hat die Crowdfunding-Plattform Bergfürst die Berliner Volksbank als Anteilseigner gewinnen können. Die Berliner Volksbank verspricht sich durch die Beteiligung, neue wachstumsstarke Firmenkunden akquirieren zu können, mit denen sie ihr weiteres Wachstum realisieren kann. Einen anderen Weg gehen die Volks- und Raiffeisenbanken, die mit „viele-schaffen-mehr.de" eine eigene Crowdfunding-Plattform gelauncht haben, auf der sie ihren Kunden eine Möglichkeit der Schwarmfinanzierung anbieten. Ziel ist es, gemeinnützige Projekte in der Region zu fördern.

Neben den universell tätigen Kreditinstituten existieren in Deutschland auch einige Spezialbanken, die nur in bestimmten Geschäftsbereichen tätig sind. Dazu zählen unter anderem

- die Hypothekenbanken und sonstigen Realkreditinstitute
- die Institute mit Sonderaufgaben
- die Bausparkassen
- einige Direktbanken

Hypothekenbanken sind privatrechtliche Kreditinstitute, deren Geschäftsbetrieb darauf gerichtet ist, inländische Grundstücke zu beleihen und auf Grund der erworbenen Hypotheken Schuldverschreibungen (Hypothekenpfandbriefe) zu emittieren. Ferner werden von den Hypothekenbanken auch Pfandbriefe zur Finanzierung öffentlicher Aufgaben begeben (Öffentliche Pfandbriefe). Hypothekenbanken gehören damit zu den bedeutendsten Kapitalgebern für den Wohnungs- und Gewerbebau sowie für den Staat und seine Institutionen.

Zu den Spezialbanken zählen die Bausparkassen, die darauf spezialisiert sind, auf der Grundlage abgeschlossener Bausparverträge Gelder von Bauwilligen einzusammeln und aus dem angesammelten Fonds nach einem bestimmten Zuteilungsplan Darlehen an die Bausparer für Wohnungsbauzwecke zu vergeben.

Die Direktbanken als weitere Spezialbanken verfügen über keine Filialen und bieten keine beziehungsweise nur eine sehr eingeschränkte Beratungsleistung an. Sie agieren vornehmlich online über das Internet mit ihren Kunden. Dadurch können sie im Vergleich zu herkömmlichen Banken erhebliche Kostenersparnisse realisieren, die an die Kunden beispielsweise in Form höherer Zinsen für Spareinlagen weitergegeben werden.

Anzahl der Kreditinstitute und der Bankstellen in Deutschland

Quelle: Deutsche Bundesbank, Bankenstatistik

Einstieg als Trainee

Der Einstieg eines Hochschulabsolventen bei einer Bank erfolgt üblicherweise über ein Trainee-Programm. Trainee-Programme haben den Zweck, dem Hochschulabsolventen einen Überblick über die einzelnen Bereiche einer Bank zu verschaffen und ihn mithilfe von Seminaren und Förderprogrammen auf seine Aufgaben gezielt vorzubereiten. In der Regel dauern Trainee-Programme zwischen 12 und 24 Monaten. Praktisch alle Großbanken bieten Trainee-Programme an. Haben Hochschulabsolventen bereits Berufserfahrung in einer Bank sammeln können, etwa durch eine vorherige Ausbildung oder durch längere Praktika, ist auch ein Direkteinstieg zur Besetzung einer bestimmten Stelle möglich.

Beschäftigte im Kreditgewerbe

Trotz zukunftsweisender Veränderungsprozesse im deutschen Bankgewerbe sind in den vergangenen Jahren Stellen abgebaut worden. Hintergrund hierfür ist, dass seit Beginn der Europäischen Schuldenkrise die Ertragslage der Banken stark gesunken ist. Zudem haben hohe Wertberichtigungen und steigende Refinanzierungskosten für zusätzlichen Druck gesorgt. Nach Angaben des Arbeitgeberverbands des privaten Bankgewerbes (AGV Banken) ist die Zahl der Beschäftigten im deutschen Kreditgewerbe im Jahr 2013 allerdings nur moderat zurückgegangen. Insgesamt zählte die Branche 645.550 Beschäftigte. Im Jahr 2012 betrug der Personalbestand noch 648.950 Beschäftigte, sodass es zu einem Rückgang von lediglich 0,5 % kam.

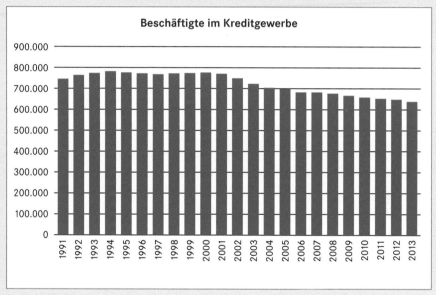

Quelle: AGV Banken

Die meisten Beschäftigten konnten die Sparkassen auf sich vereinen. Dort waren zum Jahresende 2013 insgesamt 244.000 Personen oder 37,8 % beschäftigt. Danach folgten die privaten Banken und Bausparkassen mit insgesamt 180.750 Beschäftigten oder rund 28 %. Der Personalbestand bei der Deutschen Bundesbank blieb mit 10.800 Beschäftigten und einem Anteil von rund 1,7 % nahezu unverändert.

Zukunftstrend flexible Arbeitszeitregelung

Immer mehr Beschäftigte fordern die flexiblere Gestaltung von Arbeitszeiten. Sei es, um Kinder oder pflegebedürftige Angehörige zu betreuen, oder aber um der Freizeitgestaltung einen anpassungsfähigen Rahmen zu geben. Das Kreditgewerbe hat diesen Zukunftstrend erkannt und damit begonnen, das Thema „Beruf, Familie und Freizeit" in ihre Unternehmensphilosophie zu integrieren. Dies führte dazu, dass es im Bankgewerbe mittlerweile sehr flexible Arbeitszeitregelungen gibt. Dementsprechend befinden sich die Teilzeitquoten in 2013 mit 22,7 % nach Angaben des AGV auf hohem Niveau. Auch der Anteil der Frauen in Führungspositionen im privaten Bankgewerbe hat sich weiter nach oben bewegt: Im Jahr 2013 waren fast 31 % aller außertariflich Angestellten weiblich; bis zum Jahr 2000 lag diese Quote noch bei unter 20 %. Der Bankensektor ist daher auf einem guten Weg, die gesetzlich geforderte Frauenquote in Führungspositionen zu erfüllen. So wird eine Geschlechterquote von mindestens 30 % für Aufsichtsräte von voll mitbestimmungspflichtigen und börsennotierten Unternehmen, die ab dem Jahr 2016 neu besetzt werden, eingeführt. Ab 2018 soll der Frauenanteil dann auf 50 % erhöht werden.

Bankenaufsicht – BaFin und EZB

Neben der Deutschen Bundesbank und den Geschäftsbanken zählt auch die Bankenaufsicht zum Bankensystem. Das zentrale Organ in Deutschland ist die im Jahr 2002 gegründete Bundesanstalt für Finanzdienstleistungsaufsicht (BaFin) mit Sitz in Frankfurt und Bonn. Sie ist aus dem Bundesaufsichtsamt für das Kreditwesen (BaKred) und den Bundesaufsichtsämtern für den Wertpapierhandel (BAWe) und für das Versicherungswesen (BAV) hervorgegangen. Ihre Aufgabe besteht darin, Kreditinstitute, Versicherungsunternehmen, Finanzdienstleister und Kapitalverwaltungsgesellschaften (KVG) zu überwachen. Zudem vertritt sie als Allfinanzaufsicht deutsche Interessen in europäischen und internationalen Gremien. Zum 31.12.2013 zählte die BaFin insgesamt 2.398 Beschäftigte (Vorjahr: 2.336). Diese arbeiten an den beiden Dienstsitzen der Behörde in Bonn und Frankfurt am Main. Rund 69 % der Beschäftigten sind Beamte, rund 31 % sind Tarifbeschäftigte. Mit 1.132 Beschäftigten machen Frauen fast die Hälfte der BaFin-Beschäftigten aus. Zudem sind rund 23,8 % der gesamten Führungspositionen weiblich besetzt. 33 Beschäftigte sind zu anderen nationalen oder internationalen Behörden und Institutionen abgeordnet. Davon waren Ende 2013 neun Beschäftigte zur Europäischen Zentralbank (EZB) abgeordnet. Insgesamt stellte die BaFin im Jahr 2013 insgesamt 136 Personen ein (Vorjahr: 262). Darunter waren vor allem Volljuristen und Wirtschaftswissenschaftler sowie Fachhochschul- bzw. Bachelor-Absolventen. Anwärter, Auszubildende und befristete Kräfte befanden sich aber auch darunter.

Kompetenz in Sachen Wirtschaft

BWL | Finanzdienstleistungen | Karriere | Logistik | Immobilienmanagement | Management | Marketing & Vertrieb | Rechnungswesen | Steuern & Recht | VWL

Hochschulabsolventen werden verstärkt für die Fachaufsicht und die Querschnittsabteilungen gesucht, die sich beispielsweise mit internationalen Fragen, Verbraucherthemen und juristischen Aufgaben befassen. Die Qualifikationen hängen von der angestrebten Laufbahn ab, in die der Öffentliche Dienst unterteilt ist. Je nach Studienabschluss kommt eine Tätigkeit im gehobenen oder höheren Dienst infrage. Für den höheren Dienst ist ein Universitätsabschluss oder ein akkreditierter Master-Abschluss erforderlich, für den gehobenen Dienst hingegen ein Fachhochschul-Diplom oder ein akkreditierter Bachelor-Abschluss.

Großen Wert legt die BaFin auch auf die Fortbildung ihrer Mitarbeiter. Im Jahr 2013 wurden 645 Fortbildungen angeboten. Dies waren vor allem das hausinterne Allfinanzprogramm und fachspezifische Seminarreihen, etwa zu Solvency II, aber auch Sprach- und Soft-Skill-Kurse. Im Durchschnitt bildete sich jeder Beschäftigte an 5,03 Tagen fort.

Individuelle Teilzeitregelungen, gleitende Arbeitszeiten sowie ein Kontingent von Telearbeitsplätzen sind obligatorisch, um die Vereinbarkeit von Erwerbs- und Familienleben zu vereinfachen. Darüber hinaus gibt es an beiden Standorten – Bonn und Frankfurt am Main – behördeneigene Kindertagesstätten und Eltern-Kind-Büros.

Mittlerweile hat auch die Europäische Zentralbank (EZB) ihren Neubau in Frankfurt am Main bezogen. Da die EZB offiziell die Kontrolle über die rund 120 größten Institute im Währungsgebiet, darunter 21 Banken in Deutschland, übernommen hat, werden im Bereich Bankenaufsicht viele Mitarbeiter gesucht, vor allem jedoch Juristen. Zu ihrem Aufgabengebiet gehören die Vergabe und der Entzug von Banklizenzen sowie die Überwachung der Eigenkapital- und Liquiditätsanforderungen und die Verhängung etwaiger Geldbußen. Für einen Einstieg bei der EZB ist die Beherrschung der englischen Sprache unerlässlich. Wie auch viele andere Banken bietet die EZB eine sehr hohe Flexibilität bei Arbeitszeiten, Teilzeitmodellen und Betreuungsangeboten.

3.5.2 Versicherungen als Arbeitgeber

Anzahl der Mitarbeiter und Art der Beschäftigung

Neben dem Bankensektor hat auch die Versicherungsbranche eine hohe volkswirtschaftliche Bedeutung, da sie die Deckung nicht abschätzbarer Risiken übernimmt. Doch auch in diesem Sektor ist die Beschäftigungszahl in den letzten fünf Jahren kontinuierlich zurückgegangen, schließlich unterliegt die Versicherungswirtschaft ebenfalls einem anhaltenden Strukturwandel. Insbesondere der zunehmende Wettbewerb um Kunden und Investoren sowie erhöhte gesetzliche Anforderungen, die zu immer höheren Kosten führen, werden maßgeblich für den Rückgang der Beschäftigtenzahl verantwortlich gemacht. Konkret zählten die Unternehmen der Individualversicherung im Jahr 2014 insgesamt 211.100 Mitarbeiter (2013: 212.700). Gegenüber dem Vorjahr entspricht dies einem leichten Rückgang von 0,75 %.

Entwicklung der Zahl der Arbeitnehmer in den Unternehmen der Individualversicherung

(Angestellte des Innen- und Außendienstes, Auszubildende)

Quelle: Arbeitgeberverband der Versicherungsunternehmen in Deutschland

Von den 212.700 aktiven Beschäftigten in der deutschen Versicherungswirtschaft waren 160.300 im Innendienst tätig, 39.700 waren Angestellte im Außendienst und 12.700 Auszubildende. Zudem gibt es eine Vielzahl selbstständiger Versicherungsvertreter im Außendienst.

Insgesamt betrachtet sind die Chancen von Absolventen und Young Professionals in der Versicherungswirtschaft aber weiterhin gut. Seit Jahren steigt der Anteil der Akademiker in der Assekuranz kontinuierlich an, und dieser Trend wird sich auch weiterhin fortsetzen. Insbesondere die Bereiche Risikomanagement, Controlling, Rechnungslegung, Compliance, IT sowie Produktentwicklung haben einen überdurchschnittlich hohen Bedarf an guten Nachwuchskräften und Young Professionals. Gleiches gilt für die MINT-Fächer Mathematik, Informatik, Naturwissenschaft und Technik. Ferner haben potenzielle Mitarbeiter mit Interesse am Vertrieb beziehungsweise hoher Kundenorientierung sehr gute Einstiegschancen. Aber auch alle anderen Akademiker sollten die Versicherungswirtschaft im Blick haben, da ein breit gefächerter Bedarf bei den Unternehmen besteht. Neben den fachlichen und inhaltlichen Fähigkeiten sollten die Bewerber einen ausgewogenen Mix aus Kreativität, Teamfähigkeit, Eigeninitiative, Dynamik und sozialer Kompetenz mitbringen. Zu den gewünschten fachlichen Fähigkeiten zählt vor allem die Fähigkeit, komplexe Zusammenhänge schnell zu erfassen und zu abstrahieren.

Berufsaussichten bei Rückversicherungsunternehmen

Auch Rückversicherungsunternehmen stellen für Hochschulabsolventen eine sehr interessante Adresse dar, denn das weltweite Geschäft der Rückversicherer wird immer komplexer und damit anspruchsvoller. Die Berufsaussichten gerade für Mathematiker, Juristen und Wirtschaftswissenschaftler sind derzeit besonders gut. Ein wichtiges Tätigkeitsfeld im Bereich der Rückversicherung ist das Underwriting, also die Sammlung aller notwendigen Informationen und die Ausarbeitung einer konkreten und auf den jeweiligen Fall abgestimmten Versicherungslösung. Dazu gehört auch die Analyse, Kalkulation und Abschätzung versicherungstechnischer Risiken sowie die Strategieentwicklung zur Entwicklung verbesserter Versicherungsprodukte.

Dem Claims Manager obliegt hingegen die zügige Einschätzung des Umfangs, der Ursachen, der Komplexität und der Schadenhöhe sowie die Prüfung der Ersatzpflicht, sobald ein Schaden entstanden ist. Der Claims Manager führt zu diesem Zweck Begutachtungen vor Ort durch und verhandelt sämtliche Deckungs- und Haftungsfragen sowie Schadenminderungen mit den Erstversicherungskunden.

Risikomanager identifizieren beispielsweise neu entstehende Risiken und überwachen sogenannte Kumulrisiken, also solche Risiken, die für mehrere Schäden in verschiedenen Geschäftsfeldern verantwortlich sind. Zudem legt der Risikomanager Risikotoleranzen, Rahmenbedingungen und Budgets für die einzelnen Geschäftsfelder fest.

Der Aktuar bzw. der Versicherungsmathematiker entwickelt mit den gängigen Methoden der Wahrscheinlichkeitstheorie und der Finanzmathematik Lösungen in den Bereichen Versicherungs- und Bausparwesen, Kapitalanlage und Altersversorgung – unter Berücksichtigung der rechtlichen und wirtschaftlichen Rahmenbedingungen. Zudem modelliert er Risiken, entwickelt für das jeweilige Projekt passende Versicherungsprodukte und ist auch für die Preisgestaltung verantwortlich. Ferner ermittelt er die Überschussbeteiligung der Versicherungsnehmer in der Lebensversicherung.

Die größten Rückversicherungsunternehmen in Deutschland sind Munich RE, Hannover Rück und Allianz S.E.

3.5.3 Weitere Finanzdienstleistungen

Zu den weiteren Finanzdienstleistungen zählen Unternehmen, die im Rahmen des Kapitalanlagegesetzbuchs (KAGB) mit dem Management, der Verwaltung oder der Beratung von Sachwertinvestmentvermögen engagiert sind. Dazu zählen Kapitalverwaltungsgesellschaften (KVG), Verwahrstellen, Auslagerungsunternehmen sowie rechtliche, steuerliche und betriebswirtschaftliche Berater. Nach Angaben des BSI Bundesverband Sachwerte und Investmentvermögen e.V., der aus dem Verband Geschlossene Fonds (VGF) hervorgegangen ist, haben Sachwertmanager in 2014, also im ersten Jahr nach Inkrafttreten des Kapitalanlagegesetzbuchs (KAGB), für ihre Anleger rund 10,3 Mrd. Euro neu in Sachwerte wie Immobilien, Flugzeuge, Erneuerbare Energien und Infrastruktur investiert bzw. die Verwaltung hiervon übernommen. Davon entfielen auf KAGB konforme Strukturen rund 4,9 Mrd. Euro, verteilt auf:

- 0,7 Mrd. Euro aus geschlossenen Alternativen-Investmentfonds (AIF) für Publikum
- 1,0 Mrd. Euro aus geschlossenen Spezial-AIF
- 3,2 Mrd. Euro aus offenen Spezial-AIF

Weitere 5,4 Mrd. Euro entfielen auf investierende Bestandsfonds, Investitionen über ausländische Strukturen (z. B. Sicaf), AIFM D-Strukturen sowie sonstige Strukturen für semiprofessionelle und professionelle Anleger.

Vielfältige Karrieremöglichkeiten bieten sich auch im Bereich der Finanzportfolioverwaltung (Vermögensverwaltung, Asset Management). Vermögensverwalter haben unter anderem die Aufgabe, die Portfolien wohlhabender privater Kunden unter Berücksichtigung der spezifischen Risiko-Neigung und Bedürfnisse zu optimieren. Dem im Jahr 1997 gegründeten Verband unabhängiger Vermögensverwalter Deutschland (VuV) gehören mit Stand vom 27.2.2015 insgesamt 237 Mitglieder an. Vermögensverwalter kann werden, wer über eine nachgewiesene fachliche Eignung und persönliche Zuverlässigkeit verfügt, einen ausreichenden Kapitalnachweis erbringt und Führungserfahrungen nachweisen kann, d. h. mindestens über eine dreijährige Erfahrung als leitender Angestellter im Bereich Anlageberatung oder Vermögensverwaltung verfügt. Die Tätigkeit als Finanzportfolioverwalter setzt zudem eine Genehmigung durch die Bundesanstalt für Finanzdienstleistungsaufsicht (BaFin) voraus.

Experten erwarten, dass trotz hoher administrativer Anforderungen und Kosten die Zahl der unabhängigen Vermögensverwalter in den kommenden Jahren ansteigen wird. Als maßgeblicher Grund hierfür werden die während der Finanzmarktkrise unzureichenden Beratungsleistungen für vermögende Privatkunden durch einige Banken genannt. Zudem sind im jetzigen Umfeld niedriger Zinsen renditestarke Anlagestrategien gefragt. Die Unabhängigkeit der Beratung wird in einer solchen Situation auch von den Kunden geschätzt.

Sehr bedeutsam in Deutschland ist auch die Leasing-Branche. Sie gilt als größter Investor und hat nach Angaben des Bundesverbandes Deutscher Leasing-Unternehmen (BDL) in 2014 ein jährliches Investitionsvolumen von 50,2 Mrd. Euro generiert. Insgesamt wurden 1,8 Mio. Leasing-Verträge neu abgeschlossen, wobei nach wie vor insbesondere mittelständische Unternehmen zu den Leasing-Kunden zählen, die sich hauptsächlich für das Leasing von Straßenfahrzeugen, Produktionsmaschinen sowie Büromaschinen und IT interessieren. Ein Tätigkeitsfeld im Leasing-Bereich ist das des Account Managers. Hierbei handelt es sich um einen Kundenbetreuer, der neue Kunden akquiriert, aber auch die Beziehung zu Bestandskunden pflegt. In großen Leasing-Unternehmen muss der Account Manager auch international agierende Großkunden rundum betreuen – von der Angebotskalkulation bis zum Vertragsabschluss. Der Kreditspezialist, der in Leasing-Unternehmen ebenfalls eine entscheidende Rolle spielt, analysiert und beurteilt hingegen komplexe Engagements, Projekte und Finanzierungsstrukturen, bearbeitet komplexe Kredit-/Leasing- und Mietkaufverträge, prüft die entscheidungsrelevanten Unterlagen und ist für die Umsetzung individueller Finanzierungs- und Vertragsstrukturen in enger Zusammenarbeit mit den involvierten Schnittstellen verantwortlich.

3.5.4 Neue Tätigkeitsfelder in der FDL-Branche

Ombudsmann

Versicherungsunternehmen, Banken, aber auch unabhängige Vermögensverwalter treffen täglich viele Entscheidungen, die manchmal zu Lasten des Kunden gehen. Fühlt sich ein Kunde falsch beraten oder hat dieser Ärger mit seiner Bank, seinem Versicherungsunternehmen oder einem Vermögensverwalter, kann er sich an den Ombudsmann wenden.

Der Ombudsmann der privaten Banken ist eine außergerichtliche, neutrale und unabhängige Schlichtungsstelle, die Kunden bei Meinungsverschiedenheiten mit ihrer Bank aufsuchen können. Ziel und Zweck des seit 1992 eingeführten Verfahrens ist es, Differenzen schnell und unbürokratisch zu bereinigen, da ein Rechtsstreit in der Regel mit erheblichen Kosten verbunden ist. Das Verfahren steht in erster Linie Verbrauchern bzw. Privatkunden offen. Wenn es um Streitigkeiten geht, die den Überweisungsverkehr oder den Missbrauch einer Zahlungskarte betreffen, können sich aber auch Firmen und Selbstständige an den Ombudsmann wenden.

Ein Blick auf die Beschwerdestatistik des Bundesverbandes deutscher Banken zeigt, dass der Kunde insbesondere vor und während der Finanzmarktkrise häufig nicht im Mittelpunkt eines Beratungsgesprächs stand und die Kundenbeschwerden beim Ombudsmann zwischen 2008 und 2011 deshalb stark angestiegen sind. Im Jahr 2012 und 2013 waren sie hingegen rückläufig, um im Jahr 2014 dann wieder auf 7.190 Beschwerden anzusteigen. Von den im Jahr 2014 eingereichten Beschwerden waren 6.342 Beschwerden zulässig und 371 unzulässig, weil z. B. die Verbrauchereigenschaft fehlte. Auffällig ist, dass von den 6.342 zulässigen Beschwerden bereits 2.215 Beschwerden zugunsten des Kunden ausgegangen sind. Das entspricht einer Quote von rund 35 %. In 79 Fällen hat der Ombudsmann einen Vergleich zur Beilage des Streits vorgeschlagen, und in 323 Fällen hat die Bank einen Erfolg erzielt. Da sich von den 6.342 Beschwerden noch 3.725 Beschwerden in Bearbeitung befinden, kann es jedoch noch zu Verschiebungen kommen.

Die bei der Kundenbeschwerdestelle eingegangenen Beschwerden werden in folgende Sachgebiete unterteilt:

- Wertpapiergeschäft
- Kreditgeschäft
- Zahlungsverkehr
- Girokonto für jedermann
- Spargeschäft
- Bürgschaften/Drittsicherheiten
- Sonstige Gebiete

Ersichtlich ist, dass es in 2014 zu einer Verschiebung hinsichtlich der Sachgebiete kam. Betrafen in 2013 die meisten Beschwerden noch das Wertpapiergeschäft, gab es in 2014 die meisten Beschwerden zum Kreditgeschäft. Insgesamt gingen zu diesem Sachgebiet 4.570 Beschwerden beim Ombudsmann ein. Das entspricht einem Anteil von 63,6 %. Hier bestanden Diskrepanzen bezüglich der Fragen, wer die Kosten für ein Wertgutachten zu tragen hat und ob die Kosten für eine vorzeitige Ablösung eines Darlehens (Vorfälligkeitsentschädigung) gerechtfertigt sind. An zweiter Stelle stand das Wertpapiergeschäft mit 1.294 Beschwerden oder einem Anteil von 18 %. Hier wird den Banken oftmals vorgeworfen, dass sie über die Risiken eines verkauften Wertpapiers nicht hinreichend informiert haben. Darüber hinaus – so die Wertpapierbesitzer – wurde bei Zertifikaten nicht ausreichend auf das Emittentenrisiko hingewiesen. Beim Zahlungsverkehr betrafen die Beschwerden vornehmlich die Kontoführung einschließlich der Kontoeröffnung und -schließung sowie das Kartengeschäft und den Überweisungsverkehr. Hier wurden 984 Beschwerden gezählt.

Auch der Versicherungsombudsmann fungiert als neutrale, unabhängige und für den Verbraucher kostenfreie Schlichtungsstelle. Für das Jahr 2014 weist die Beschwerdestatistik insgesamt 19.897 Beschwerden aus (2013: 18.740). Allerdings handelte es sich überwiegend um Beschwerden, die nicht zum Aufgabenbereich des Versicherungsombudsmanns gehören, sondern um Beschwerden, die den Ombudsmann der privaten Banken betreffen. Ausgelöst wurde die Beschwerdewelle durch die BGH-Rechtsprechung zum Bankenrecht, wonach Bearbeitungsgebühren beim Abschluss von Verbraucherkreditverträgen in der Regel unzulässig sind. Der möglichen Verjährung ihrer Rückforderungsansprüche zum Jahresende wollten viele Kunden entgegenwirken.

Daneben hat nun auch der Verband unabhängiger Vermögensverwalter Deutschland e.V. (VuV) mit der VuV-Ombudsstelle eine eigene unabhängige Einrichtung zur außergerichtlichen und kostenfreien Schlichtung von Konflikten zwischen Verbrauchern und den dem Verband angeschlossenen unabhängigen Vermögensverwaltern gegründet.

Kreditmediator

Da es im Rahmen der Kreditvergabe immer wieder zu Konflikten zwischen Kreditgebern und Kreditnehmern kommt, hat im Frühjahr 2010 die staatliche Institution „Kreditmediator Deutschland" ihre Arbeit aufgenommen. Ende 2011 hat diese Institution ihre Arbeit allerdings wieder eingestellt. Nach aktueller Einschätzung von Finanzierungsexperten und Wirtschaftsverbänden gibt es im Miteinander zwischen Banken und Kreditnehmern allerdings nach wie vor erhebliches Verbesserungspotenzial, sodass viele Kreditnehmer in den kommenden Jahren die Hilfe eines Kreditmediators benötigen. Diese Einschätzung wird durch die aktuelle Statistik des Ombudsmanns der privaten Banken gestützt, da in 2014 die meisten Beschwerden beim Ombudsmann das Kreditgeschäft betrafen.

Aus diesem Grund bieten mittlerweile viele private Kreditmediatoren ihre Unterstützung an. Ziel des Kreditmediationsprozesses ist es, in ausweglos erscheinenden Situationen vermittelnd tätig zu werden, indem Brücken des Verstehens zwischen Unternehmern und Banken gebaut und Missverständnisse in der Kommunikation überwunden werden. Zudem sollen Lösungsansätze für ein zielführendes Miteinander generiert werden, um die Erfolgschancen für eine rückwirkende Kreditvergabe zu erhöhen. Damit ist der Kreditmediator nicht wie der Ombudsmann der privaten Banken als herkömmliche Beschwerdestel-

Sie sind nicht irgendwer.
Also entscheiden Sie nicht irgendwie.

Über 1 Mio. geprüfte Dokumente
Fachbücher
Fachzeitschriften
Bilder + Videos
und viele Extras

Springer für Professionals.
Digitale Fachbibliothek. Themen-Scout. Knowledge-Manager.

Wirtschaft, Technik und Gesellschaft werden von Entscheidungen geprägt, Entscheidungen von Wissen. *Springer für Professionals* liefert Ihnen das entscheidende Wissen - direkt, einfach und verlässlich. Exzellente Redaktionen selektieren und komprimieren für Sie aktuelle Themen Ihres Fachgebiets und verknüpfen diese mit relevantem Hintergrundwissen. Sie haben freien Zugriff auf die größte digitale Fachbibliothek im deutschsprachigen Raum mit über 1 Mio. qualitätsgeprüften Dokumenten, Fachbüchern und Fachzeitschriften. Zudem nutzen Sie intelligente Tools zur persönlichen Wissensorganisation und Vernetzung. Jetzt kostenfrei und unverbindlich für 30 Tage testen unter 0800-500 33 77 oder www.entschieden-intelligenter.de

le zu verstehen, sondern als zentrale Stelle, die sich ausschließlich mit der Konfliktbereinigung und -beilegung zwischen Unternehmern und Kreditgebern befasst.

Für das noch junge Tätigkeitsfeld der Kreditmediation reicht allerdings reines Verfahrens-Know-how nicht aus. Vielmehr ist grundlegendes und praxisbezogenes Wissen aus der Unternehmensführung und der Finanzwirtschaft gefragt, um einen Streit außergerichtlich beilegen zu können. Die EBS Universität für Wirtschaft und Recht bietet deshalb seit Januar 2013 das neue Intensivstudium Wirtschaftsmediation an, das als Weiterbildungsmaßnahme zu verstehen ist und aus vier Modulen besteht:

- Modul 1: Grundlagen der Wirtschaftsmediation
- Modul 2: Praxis und Rahmenbedingungen der Wirtschaftsmediation
- Modul 3: Rolle des Mediators, innerbetriebliche Mediation und Mediation im internationalen Kontext
- Modul 4: Wirtschaftsmediation in Theorie und Anwendung – Prüfungsleistungen

Vermittelt werden Grundlagen der Kommunikationswissenschaft, Konfliktlehre, Verhandlungsforschung und Psychologie, auch praxisbezogene rechtliche und wirtschaftliche Aspekte. Das Intensivstudium Wirtschaftsmediation beinhaltet 22 Präsenztage zuzüglich der Zeiten für das Erbringen der Prüfungsleistungen. Es besteht aus mehreren Blockphasen (Donnerstag bis Samstag) und Wochenendphasen (Freitag/Samstag). Die Studiengebühren betragen 7.750 Euro und sind in zwei Raten zu zahlen. Erfolgreiche Teilnehmer schließen das Studium mit dem Titel „WirtschaftsmediatorIn (EBS)" ab.

3.6 Informations- und Telekommunikationsindustrie

„Das tatsächliche Kompetenzprofil ist wichtiger als die Bezeichnung des Abschlusses."

Interview mit Dr. Stephan Pfisterer, Kompetenzbereich Bildung und Personal, Bundesverband Informationswirtschaft, Telekommunikation und neue Medien e.V. (BITKOM), Berlin

Wie wirkt sich der Boom der Wirtschaft generell auf Ihre Branche aus?

Die anhaltend gute Konjunktur, die im Euro-Raum fast einzigartig ist, führt zu verstärkten Investitionen der Wirtschaft in Digitaltechnologien. Wachstumstreiber sind Trends wie das Cloud Computing, IT-Sicherheit und die Digitalisierung der Produktionsgüterindustrie.

Ein Stichwort lautet Industrie 4.0: Kunden aus der Industrie beziehungsweise aus dem verarbeitenden Gewerbe sind für ITK-Unternehmen von großer Bedeutung. Insgesamt 72 % erklären, dass die Industrie für ihr Unternehmen als Kunde wichtig oder sehr wichtig ist. 39 % der Unternehmen sagen, dass insbesondere Industrie 4.0 bereits ein wichtiges Geschäftsfeld für die ITK-Branche ist. Und weitere 31 % gehen davon aus, dass es in ein bis zwei Jahren ein wichtiges Geschäftsfeld sein wird. Die traditionell führende Stellung Deutschlands in der Fertigungstechnik, also vor allem im Maschinenbau und dem Automobilsektor, aber auch in der Chemischen Industrie, wird damit zu einem Erfolgsfaktor für die Digitalbranche insgesamt. Schon heute bietet fast jedes dritte ITK-Unternehmen spezielle Dienstleistungen oder Produkte für Industrie 4.0 an. Vor zwei Jahren waren es erst 10 %.

Ein weiteres Stichwort ist Cloud Computing.

Hier haben sich die hoch gesteckten Erwartungen der Unternehmen ebenfalls schon in weiten Teilen erfüllt: Ende 2014 nutzten 44 % der Unternehmen in Deutschland Cloud-Technologien, ein Plus von 4 % gegenüber dem Vorjahr. Darüber hinaus gibt es eine große Gruppe von Interessenten: 24 % der befragten Unternehmen planen oder diskutieren den Einsatz von Cloud-Lösungen. In großen Unternehmen ab 500 Mitarbeitern gehört Cloud Computing heute zum Standard. Hier setzen bereits sieben von zehn Unternehmen Cloud-Lösungen ein. Im Mittelstand mit 100 bis 500 Beschäftigten ist es jedes zweite (52 %) Unternehmen, und bei kleineren Betrieben mit 20 bis 99 Mitarbeitern liegt der Anteil der Cloud-Nutzer immerhin noch bei 41 %.

Eine wichtige Rolle spielt auch das Thema IT-Security. Lange Zeit als vermeintlicher Kostentreiber vernachlässigt, haben die Datenskandale der letzten Jahre die Bedeutung sicherer ITK-Infrastrukturen und -prozesse deutlich gemacht. Die Investitionen in Sicherheitslösungen steigen, und damit auch der Bedarf an entsprechend qualifizierten Fachkräften. IT-Sicherheitsexperten liegen inzwischen auf Rang 4 der meist gesuchten Profile.

Wie sieht der Arbeitsmarkt 2015/2016 für Wirtschaftswissenschaftler in der IT- und TK-Branche aus?

Derzeit beschäftigt die Digitalwirtschaft rund 970.000 Personen. 2014 wurden 41.000 offene Stellen gezählt. Der größte Teil davon entfällt auf ITK-Spezialisten. Als zweite wichtige Gruppe werden Absolventen der Wirtschaftswissenschaften gesucht. Sie spielen traditionell eine große Rolle für die Digitalbranche. Dies gilt für die klassischen Rollen im Controlling und im Finance-Bereich der Unternehmen sowie im Marketing und Vertrieb, aber auch in der Produktentwicklung. Hier sind IT-Lösungen für die Optimierung von Geschäftsprozessen zu nennen und betriebswirtschaftliche Anwendungen.

Was zeichnet Wirtschaftswissenschaftler für die IuK-Banche aus?

Wirtschaftswissenschaftler bringen eine hohe Methodenkompetenz mit und sind entsprechend breit einsetzbar. Eine Tätigkeit in den technologienahen Bereichen, insbesondere in der IT-Beratung, setzt aber auch eine hohe Affinität zu aktuellen Branchenthemen voraus. Ideal aufgestellt sind hier Wirtschaftsinformatiker, die sich innerhalb des Studienbereichs Informatik hervorragend etabliert haben. Aber auch dual ausgebildete Wirtschaftswissenschaftler, die vom ersten Tag des Studiums an auch die Abläufe in einem Hightech-Unternehmen kennenlernen, sind für eine Karriere in der Digitalbranche gut gerüstet. Und zu beobachten ist, dass immer mehr wirtschaftswissenschaftliche Studiengänge IT-Know-How verstärkt integrieren.

Ein Blick in die Stellenanzeigen der Unternehmen macht schnell klar, dass das tatsächlich vorhandene Kompetenzprofil der Absolventen wichtiger ist als die Bezeichnung des Abschlusses. Durch Internships, also durch Praktika für Studenten, erworbene Fähigkeiten werden honoriert. Technologieaffine Wirtschaftswissenschaftler sind daher auch in Zukunft ein wichtiger Bestandteil für die Nachwuchskräftegewinnung im ITK-Bereich.

Was hat sich bei den Anforderungen in den vergangen Jahren verändert?

Die Digitalbranche weiß um die Spezifika ihrer Lösungen und Produkte. Die Bereitschaft, Bachelor-Absolventen einzustellen und innerhalb des Unternehmens gezielt weiterzuqualifizieren, ist daher relativ hoch. Zudem bietet die Branche einschlägige Zertifikate mit einem hohen Signalwert am Arbeitsmarkt, der es auch Absolventen von Nicht-ITK-Fachrichtungen ermöglicht, sich im ITK-Arbeitsmarkt souverän zu bewegen.

Während die Verteilung der Nachfrage auf Bachelor und Master konstant geblieben ist, hat der Bedarf für Absolventen dualer Studiengänge (meist Bachelor) kontinuierlich zugenommen. ITK-Lösungen müssen für die Kunden in diversen Branchen einen messbaren Produktivitätsgewinn haben, müssen neue Geschäftsmodelle ermöglichen oder die Sicherheit der Anwendungen nachhaltig verbessern. Verständnis für die realen Bedarfe der Unternehmen – dies zu haben ist essenziell für die Kundenbetreuer. Eine entsprechende Sozialisierung bereits während des Studiums wird hoch bewertet.

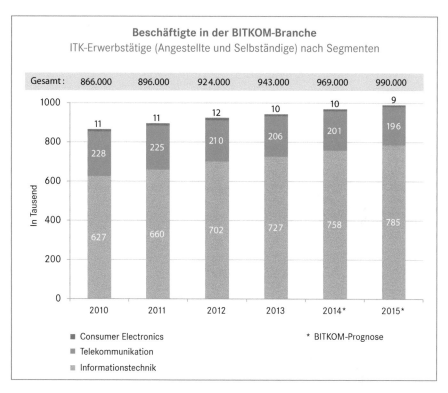

Beschäftigte in der BITKOM-Branche
ITK-Erwerbstätige (Angestellte und Selbständige) nach Segmenten

Gesamt: 866.000   896.000   924.000   943.000   969.000   990.000

Quelle: BITKOM, Bundesagentur für Arbeit, BNetzA

3.6.1 Die Branche in Zahlen

Die Umsätze mit Informationstechnologie, Telekommunikation und Unterhaltungselektronik sind im Jahr 2014 um 1,5 % auf 153,3 Mrd. Euro gewachsen. Für 2015 rechnet BITKOM ebenfalls mit einem Plus von 1,5 %. Die einzelnen Segmente entwickeln sich sehr unterschiedlich. Während die Umsätze mit klassischer Unterhaltungselektronik und mit Telekommunikationsdiensten schrumpfen, wachsen Software und IT-Dienstleistungen überdurchschnittlich, ebenso das Geschäft mit Netzinfrastruktur.

Der Umsatz mit klassischer Unterhaltungselektronik wird voraussichtlich auch in 2015 weiter schrumpfen. Die Gründe dafür sind bekannt: Geräte der klassischen Unterhaltungselektronik und inzwischen auch der digitalen Consumer Electronics werden immer öfter durch Smartphone und Tablet Computer ersetzt, etwa MP3-Player oder Digicams.

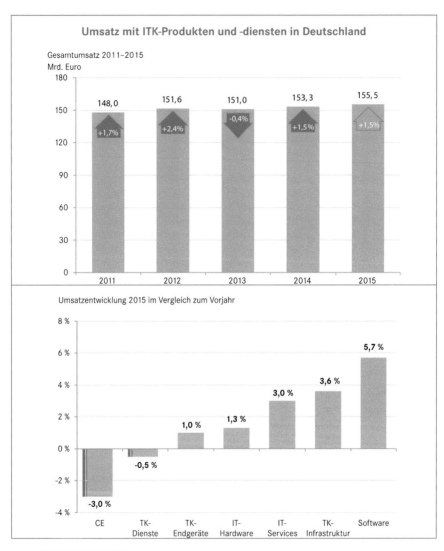

Quelle: BITKOM, EITO, IDC, GFK

In der Telekommunikation wird insgesamt eine schwarze Null mit einem Wachstum von 0,1 % erwartet – nach zwei Jahren mit rückläufigen Umsätzen. Einen seit Jahren wachsenden Beitrag dazu liefern Infrastruktursysteme. In diesem Jahr ist ein kräftiges Plus von 3,6 % auf 6,5 Mrd. Euro zu erwarten. Darin spiegeln sich die Milliarden-Investitionen der Netzbetreiber in den Breitbandausbau.

Der IT-Markt ist seit Jahren die Säule des Wachstums in der Digitalbranche – und gleichzeitig das Segment, in dem das Gros des IT-Mittelstands in Deutschland und auch der Start-ups tätig ist. 2015 wird er voraussichtlich kräftig um 3 % auf 80 Mrd. Euro zulegen. Am stärksten gewinnt dabei erneut der Software-Bereich, der um fast 6 % auf über 20 Mrd. Euro zulegt. Das Geschäft mit IT-Dienstleistungen, zu dem unter anderem IT-Beratung und das Projektgeschäft gehören, wächst seit Jahren stetig. In diesem Jahr geht BITKOM von einem Plus von 3 % auf 37 Mrd. Euro aus. Die Anbieter profitieren davon, dass immer mehr Unternehmen aller Branchen erkennen, dass sie ihr Geschäft auf die Digitalisierung ausrichten müssen, wenn sie weiter Erfolg haben wollen. Und das Plus resultiert daraus, dass mehr Unternehmen erkannt haben, dass IT-Security notwendig ist, aber auch ihren Preis hat. Die Ausgaben für Datensicherheit und Datenschutz finden sich dabei in verschiedenen Posten, bei Beratungsleistungen, im Software-Geschäft, aber auch bei den Umsätzen mit Hardware.

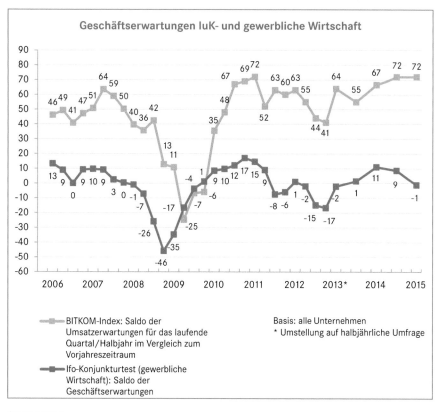

Geschäftserwartungen IuK- und gewerbliche Wirtschaft

BITKOM-Index: Saldo der Umsatzerwartungen für das laufende Quartal/Halbjahr im Vergleich zum Vorjahreszeitraum

Ifo-Konjunkturtest (gewerbliche Wirtschaft): Saldo der Geschäftserwartungen

Basis: alle Unternehmen
* Umstellung auf halbjährliche Umfrage

Quelle: BITKOM

Die Stimmung in den Unternehmen ist gut wie lange nicht mehr. Der BITKOM-Index liegt mit 72 Punkten konstant auf einem Spitzenwert, der zuvor erst ein einziges Mal, vor vier Jahren, erreicht wurde.

3.6.2 Ausblick

Die umfassende digitale Transformation hat in vielen Branchen längst begonnen. iTunes und Netflix haben den Musik- und Videomarkt revolutioniert, Amazon und Ebay gaben den Startschuss für ein neues Kaufverhalten der Konsumenten. Wir sehen Fintech-Start-ups, die in der Finanzbranche die Platzhirsche und Global Player bedrängen. Wir erleben IT-Unternehmen, die in den Automobilbau einsteigen, und Automobilbauer, die Tablet-Computer produzieren. Alle Branchen sind in Bewegung – und das hat auch Auswirkungen auf die Arbeitswelt. Um dieses Thema genauer zu beleuchten, hat Bitkom Research Ende 2014 mehr als 1.500 Unternehmen in Deutschland aus allen Branchen befragt, darunter rund 700 IT-Unternehmen.

Angesichts der virulenten Diskussion um die „Zukunft der Arbeit" und eine Revolution in der Arbeitsorganisation mag überraschen, dass heute noch der klassische Büroarbeitsplatz mit Anwesenheitspflicht dominiert. In drei Viertel der Unternehmen ist dies der Fall. Der klassische Büroarbeitsplatz verliert tendenziell jedoch an Bedeutung. Davon geht jedes vierte Unternehmen aus. In der Digitalbranche setzen sogar bereits heute nur 63 % der Unternehmen auf die vollständige Anwesenheit der Belegschaft, und jeder Dritte geht davon aus, dass dieser Anteil weiter sinken wird.

Parallel zur geringeren Bedeutung des klassischen Büroarbeitsplatzes wird das Home Office wichtiger. Fast jedes dritte Unternehmen rechnet mit einer Zunahme bei der Arbeit von zu Hause aus. Heute hat bereits jedes zweite Unternehmen der IT-Branche entsprechende Regelungen mit den Mitarbeitern getroffen. In allen anderen Branchen sind es gerade einmal 17 %. Das flexible Arbeiten wird nicht mehr allein von der Unternehmensseite aus Effizienz- oder Kostengründen gefordert. Hochschulabsolventen suchen sich ihren Arbeitgeber auch danach aus, wie sich Arbeit und Freizeit vereinbaren lassen.

Die Arbeitswelt verändert sich aber auch durch die Einbindung externer Spezialisten und freier Mitarbeiter. Jedes dritte Unternehmen will künftig verstärkt auf Freelancer zurückgreifen. Dabei geht es längst nicht mehr um die billige Arbeitskraft, die den festangestellten Mitarbeiter aus Kostengründen ersetzt. Es geht vielmehr darum, externen Sachverstand für bestimmte Projekte ins Unternehmen zu holen. Dafür sind häufig Spezialisten nötig, die gar keine Festanstellung anstreben, sondern lieber für verschiedene Arbeitgeber tätig sein und unabhängig und selbstbestimmt arbeiten wollen. Daher überrascht es nicht, dass nicht einmal jedes zweite Unternehmen glaubt, dass sich durch externe Fachleute Personalkosten reduzieren ließen.

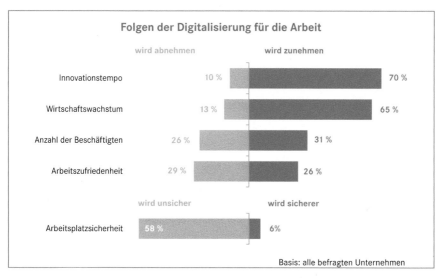

Folgen der Digitalisierung für die Arbeit

wird abnehmen | wird zunehmen

Innovationstempo	10 %	70 %
Wirtschaftswachstum	13 %	65 %
Anzahl der Beschäftigten	26 %	31 %
Arbeitszufriedenheit	29 %	26 %

wird unsicher | wird sicherer

| Arbeitsplatzsicherheit | 58 % | 6% |

Basis: alle befragten Unternehmen

Quelle: BITKOM

Schon heute spielen externe Spezialisten für jedes vierte Unternehmen eine bedeutende Rolle für den wirtschaftlichen Erfolg. Für mehr als jedes fünfte Unternehmen sind sie wichtig für die Innovationskraft des Unternehmens. Und diese Anteile sollten in Zukunft deutlich steigen – auf 35 bzw. 29 %. Es werden sich aber nicht nur Arbeitsorte und Mitarbeiterstruktur durch die Digitalisierung der Arbeitswelt verändern, sondern auch die Form der Zusammenarbeit. Derzeit sind Präsenztreffen in den Unternehmen die am häufigsten eingesetzte Form, um sich im Team oder mit Kunden auszutauschen. Knapp dahinter rangieren die Telefonkonferenzen. Ein Nischendasein fristen derzeit noch Videokonferenzen und 3D-Videokonferenzen mit Virtual-Reality-Effekten, die nur 8 bzw. 3 % der Unternehmen häufig einsetzen. Künftig werden nach Einschätzung der Unternehmen die virtuellen Formen der Zusammenarbeit an Bedeutung gewinnen. Jedes dritte Unternehmen rechnet mit einer wichtigeren Rolle von Video- und Telefonkonferenzen, immerhin ein Viertel der Unternehmen sieht auch eine große Bedeutung für Virtual-Reality-Konferenzen.

Sieben von zehn Unternehmen gehen davon aus, dass sich das Innovationstempo erhöhen wird, zwei Drittel rechnen mit einem stärkeren Wirtschaftswachstum. Eine große Sorge, nämlich dass die Beschäftigtenzahl durch die digitale Transformation zurückgehen könnte, wird dagegen eher nicht geteilt. Zwar geht ein Viertel der Unternehmen von einem Rückgang bei der Beschäftigung aus. Mit 31 % rechnen aber etwas mehr damit, dass die Anzahl der Beschäftigten sogar zunehmen wird.

3.7 Logistik

„Der praxisferne Akademiker ist ebenso wenig gefragt wie der theorieferne Praktiker"

Interview mit Ulrike Grünrock-Kern, Leiterin Presse- und Öffentlichkeitsarbeit, Bundesvereinigung Logistik (BVL) e.V., Bremen

Wie wirkt sich der Boom der Wirtschaft auf Ihre Branche aus – mit welchen Folgen für akademische Arbeitsplätze?

Von einem Boom kann derzeit ja nicht die Rede sein, sondern vielmehr – jedenfalls was den deutschen Markt angeht – von einer sehr ordentlichen, beständigen Entwicklung. Damit ist Deutschland eine Insel der Stabilität in einem Meer von Unsicherheit. Im logistischen Bereich gehen von deutschen Unternehmen auch international Impulse aus, werden vorbildliche Leistungen und Lösungen entwickelt und angeboten. Das bedeutet: Der Trend geht hin zu höher qualifizierten Tätigkeiten, die stärker als in der Vergangenheit einer akademischen Vorbildung bedürfen. Die Zahl der Beschäftigten in der Logistik steigt Jahr für Jahr – und die Zahl der Akademiker unter ihnen steigt überproportional.

Wie sieht der Arbeitsmarkt 2015/2016 für Wirtschaftswissenschaftler in der Logistik aus?

Laut einer Prognose, die Ende 2014 im Auftrag des Bundesministeriums für Arbeit und Soziales erstellt wurde, gehören Ingenieure, Techniker und Logistiker zu denjenigen, die in den nächsten Jahren in besonderem Maße gesucht werden. Schon heute berichten viele Unternehmen, dass es schwieriger und langwieriger wird, Logistik-Mitarbeiter mit passgenauem Profil zu finden. Die Entwicklung am Arbeitsmarkt ist also ein guter Grund, sich für einen logistischen Beruf zu entscheiden. Aber das ist es nicht allein. Kaum ein Tätigkeitsfeld ist vielseitiger. Kaum ein Arbeitstag bietet mehr an Herausforderungen. Kaum ein berufliches Umfeld ist kommunikativer und erfordert mehr interkulturelle Kompetenz. Gleichzeitig geht es natürlich um Präzision, um Denken in Systemen, um die Bereitschaft, Entscheidungen zu treffen.

Was sind spezielle Anforderungen an Wirtschaftswissenschaftler: mit Abschluss Bachelor, mit Abschluss Master? Was hat sich in den vergangen Jahren verändert?

Die Anforderungsprofile sind geprägt von Kenntnissen im Logistik- und Prozessmanagement. Logistik ist ohne IT kaum noch zu denken und zu praktizieren. Die Halbwertzeit des Wissens nimmt merkbar ab, sodass lebenslanges Lernen immer wichtiger wird. Dabei verlaufen die Ausbildungspfade längst nicht mehr so linear wie früher: Heute ist es z.B. keine Ausnahme mehr, wenn angehende Logistiker nach dem Abitur eine Ausbildung machen und sich danach noch für ein duales Studium entscheiden, das mit dem Bachelor abgeschlossen wird. Wer in Top-Führungspositionen strebt, sollte darüber hinaus den

Master-Abschluss erlangen. Die Anforderungen des Marktes und der Unternehmen verändern sich rasch, darauf muss die Ausbildung in der Logistik reagieren. So konnte man bis vor Kurzem etwa noch gar nicht absehen, welche konkreten Qualifikationen Nachwuchskräfte in dem stark wachsenden Geschäftsfeld rund um den Online- oder Multichannel-Handel heute mitbringen müssen. Grundsätzlich ist festzustellen, dass die Praxisintegration in Ausbildung und Studium zunimmt. Der praxisferne Akademiker ist ebenso wenig gefragt wie der theorieferne Praktiker. Der Dualität von Praxis und Theorie gehört in den logistischen Berufen die Zukunft.

3.7.1. Die Branche in Zahlen

Die Logistik ist mit 235 Mrd. Euro Umsatz (2014) und rund 2,9 Mio. Beschäftigten der drittgrößte Wirtschaftsbereich Deutschlands. Anfang 2015 präsentierten sich Logistiker in Industrie, Handel und Dienstleistung erstmals mit einer gemeinsamen Kampagne: „Logistik – Du brauchst sie doch auch." Diese Botschaft will die volkswirtschaftliche Bedeutung und mehr noch den individuellen Nutzen der Logistik deutlich machen: Logistik geht alle an. Jeder profitiert davon, wenn der Joghurt frisch in der Kühltheke steht oder die neuen Schuhe ins Haus kommen. Doch professionelle Logistik sichert nicht nur individuellen Konsum. Sie wirkt auch im Hintergrund: Bei der Abfuhr von Verpackungen, Leergut oder Restmüll, aber auch bei der zeitlich exakt abgestimmten Zulieferung von Bauteilen oder Rohstoffen, ohne die etwa das zunehmende Outsourcing nicht funktionieren würde.

Stets gilt es, ein Produkt von einem Ausgangspunkt zu einem Ziel zu bringen. Dieser Transfer von Waren verlangt eine präzise On-Demand-Planung, da etwa einzelne Bauteile eines PKW oft weit entfernt voneinander entstehen. Sie müssen in der Autofabrik zeitlich exakt abgestimmt ankommen, um dort endmontiert zu werden. In Deutschland weben täglich über zwei Mio. Fahrzeuge – Lkw, Züge oder Schiffe – dieses Netz aus unterschiedlichen Lieferketten. Dies erfordert eine exakte Planung durch das Supply Chain Management, in dem die Globalisierung für zusätzlichen Bedarf an interdisziplinär ausgebildetem, mehrsprachigem Personal sorgt. Die TU Berlin schätzt, dass die Branche jährlich etwa 12.000 Fachkräfte braucht, davon 20 bis 25 % Akademiker.

Beschäftigte und Umsatz der Logistikbranche

Jahr	Beschäftigte in Mio.	Umsatz in Mrd. Euro
2011	2,80	223
2012	2,83	228
2013	2,85	230
1014	2,90	235
2015	2,90	240–242 (Prognose)

Quelle: BVL

Top 20 Deutschland 2013

Rang	Unternehmen	Umsatz 20103 in Deutschland in Mio. Euro	Mitarbeiter in Deutsch- land	Welt- konzern- umsätze
1	Deutsche Post DHL (Group)	8.900	168.925	55.085
2	DB Mobility Logistics AG (Konzern)	7.100	124.378	39.119
3	Kühne + Nagel (AG & Co.) KG	3.400	10.000	17.072
4	Dachser GmbH & Co. KG	2.790	13.092	k. A.
5	Rhenus SE & Co. KG	2.200	k. A.	k. A.
6	Volkswagen Logistics GmbH & Co. OHG	1.750	k. A.	197.007
7	United Parcel Service Deutschland Inc. & Co. OHG	1.600	16.000	k. A.
8	Hermes Europe GmbH	1.550	k. A.	k. A.
9	DPD Dynamic Parcel Distribution GmbH & Co. KG	1.535	7.500	4.391
10	Panalpina Welttransport (Deutsch- land) GmbH	1.500	2.410	5.513
11	Hellmann Worldwide Logistics GmbH & Co. KG	1.335	k. A.	k. A.
12	Imperial Logistics International B.V. & Co. KG	1.268	k. A.	8.120
13	Arvato	1.250	k. A.	16.356
14	BLG Logistics Group AG & CO. KG	1.125	k. A.	k. A.

Rang	Unternehmen	Umsatz 20103 in Deutschland in Mio. Euro	Mitarbeiter in Deutschland	Welt-konzern-umsätze
15	Kraftverkehr Nagel GmbH & Co. KG	1.100	k. A.	1.670
16	Fiege Logistik Holding Stiftung & Co. KG	1.000	k. A.	k. A.
17	Hamburger Hafen und Logistik AG (HHLA)	920	k. A.	1.155
18	General Logistics Systems Germany GmbH & Co. OHG	920	k. A.	1.960
19	DSV Deutschland	900	2.400	6.127
20	Deutsche Lufthansa Aktiengesellschaft	843	k. A.	30.028

Quelle: Fraunhofer-Arbeitsgruppe für Supply Chain Services SCS, TOP 100 der Logistik. 2014/2015

3.7.2 Ausblick

Gemäß einer Studie der Kühne Logistics University in Hamburg und der Strategieberatung McKinsey & Company, Inc. von 2014 ist das Bildungsniveau im Supply Chain Management (SCM) allgemein sehr hoch. Auffällig ist, dass SCM-Verantwortliche durchschnittlich besser ausgebildet sind als das Personal im Einkauf und in der Logistik. 72 % der SCM-Mitarbeiter haben einen Hochschulabschluss im Vergleich zu rund 47 % im Einkauf beziehungsweise 24 % in der Logistik.

Zudem zeigt sich ein Trend: Von den 60-jährigen Supply Chain Managern ist etwa ein Drittel Akademiker. Bei Berufseinsteigern im Alter zwischen 25 und 29 Jahren haben 84 % einen Hochschulabschluss. Bei Einkauf und Logistik ist die Entwicklung – allerdings auf niedrigerem Niveau – ähnlich. Heute hat das Gros der Logistiker Betriebswirtschaftslehre (44 %) oder Ingenieurwissenschaften (33 %) studiert (Logistik: 7 %). Gefragt ist zudem die Weiterbildung im Job: 88 % der SCM-Manager wechselten aus anderen Bereichen zum SCM. 25 % kamen aus der Logistik, 16 % aus dem Einkauf, 14 % vom Vertrieb, 11 % aus dem Consulting und 9 % aus der Produktion.

Der Grund der Akademisierung: Früher galt Logistik oft nur als physischer Transport von A nach B. Heute ist die Logistik der Hilfsfunktion entwachsen, wenn internationale Waren- und Materialflüsse zu Pfeilern einer On-Demand-Produktion bzw. zur nachfrageorientierten Angebotsstrategie werden.

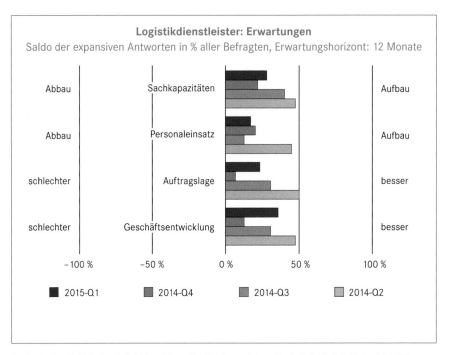

Logistikdienstleister: Erwartungen

Saldo der expansiven Antworten in % aller Befragten, Erwartungshorizont: 12 Monate

Quelle: Institut für Weltwirtschaft, Universität zu Kiel, Bundesvereinigung Logistik: Logistik-Indikator Q1/2015

3.8 Medien

„Arbeitsmarkt Medien weiterdenken – über viele Plattformen"

Die Fernsehbranche ... im Gespräch mit Frank Giersberg, Mitglied der Geschäftsleitung / Markt- und Geschäftsentwicklung und kaufmännischer Leiter des Verbands Privater Rundfunk und Telemedien e.V. (VPRT).

Der VPRT vertritt als europaweit größte Interessenvertretung der privaten Rundfunk- und Telemedienunternehmen rund 140 Mitglieder aus den Bereichen Fernsehen, Radio und Telemedien (Online und Mobile)

Wie sieht der Fernsehmarkt aus? Wie verändert er sich durch Digitalisierung und Internet?

Früher stand Fernsehen nur für das klassische lineare TV-Programm. Heute reicht das Angebot der Sender viel weiter – vom Free- und Pay TV über Video On Demand und interaktive HbbTV-Portale bis zu Musik- und Gaming-Angeboten und natürlich den redaktionellen Contents auf den Websites der Sender. Insgesamt verläuft die Entwicklung äußerst dynamisch, wirtschaftlich verzeichnen wir Wachstum in allen Segmenten, im klassischen TV-Geschäft ebenso wie im Bereich digitaler Innovationen.

Wächst das Publikum mit?

Die TV-Nutzung wächst auf höchstem Niveau über all die neuen Kanäle und Plattformen hinweg noch einmal deutlich an. Dabei können gerade im Netz auch neue Zuschauergruppen erreicht werden, etwa besonders selektive Seher.

Verändert sich auch die Seite der Anbieter?

Die Digitalisierung hat den Marktzutritt vereinfacht und in der Folge zu einem regelrechten Gründerboom geführt. Noch nie waren so viele TV- und Video-On-Demand-Anbieter im Markt wie heute. Darunter die klassischen TV-Veranstalter, aber auch viele neue Player, vom Start-up bis zum globalen Konzern.

Wie sehen die Folgen für den Arbeitsmarkt aus?

Ich denke, dass sich aus diesem positiven Marktausblick auch sehr vielversprechende Perspektiven für den Arbeitsmarkt ergeben. Gerade für Absolventen der Wirtschaftswissenschaften ergeben sich da Karrierechancen in kaufmännischen, strategischen und kreativen Bereichen. Eine besondere Rolle werden künftig datenbasierten Geschäftsmodelle spielen, d. h. Absolventen, die fit sind in Statistik oder Datenmodellierung, dürften künftig besonders gute Chancen haben. Da erschließen sich nicht nur neue Erlösfelder, sondern auch neue Arbeitsfelder und neue Jobs.

In welchen Bereichen?

Konventionelle Zählungen erfassen meist nur Jobs im Sender. Doch so wie sich der Medienmarkt ausdifferenziert, so müssen wir auch den Arbeitsmarkt Medien weiter denken. Jobs entstehen nicht nur in Redaktionen, der Produktion oder der klassischen Projekt- und Unternehmensteuerung, sondern durch die vielen neue Produkte und Unternehmen im Bereich Innovation und Diversifikation, aber natürlich auch in den vor- und nachgelagerten Märkten. Wie gesagt: Fernsehunternehmen machen heute viel mehr als nur lineares TV.

„Mediale Transformation fordert Verlage und Management."

Interview mit Sven König, Verband Deutscher Zeitschriftenverleger, Geschäftsführer VDZ Akademie, Berlin

Wie beurteilen Sie den Arbeitsmarkt Medien/Print insgesamt, wie groß ist noch die Attraktivität des Berufsbildes?

Die Attraktivität des Berufsbildes ist weiterhin hoch, im Journalismus sowie im Management. Aufgaben und Arbeit haben sich ebenso verändert wie die Verlagshäuser selbst. So sind aus Print-Verlagen moderne Multimediahäuser geworden, die in einem hohen Tempo agieren und ihren immer spitzeren Zielgruppen ein passgenaues Spektrum an Informations- und Unterhaltungsangeboten bieten. Und die hochwertigen Inhalte werden auf allen medialen Plattformen angeboten: Print, Web, Social, Mobile, Video.

Was ist besonders an der Arbeit in Medien, speziell Print-Medien?

Verlagshäuser sind inhaltsorientierte Arbeitgeber, dabei steht die freie Presse ganz besonders für Presse- und Meinungsfreiheit. Arbeit in Verlagen bedeutet daher auch, Meinungs- und Pressefreiheit, Pluralität, Toleranz und Vielseitigkeit ebenso zu leben wie Wettbewerb. Denn die überwiegend mittelständischen Verlage agieren unter den verschiedenen Medienanbietern wie dem Öffentlich-Rechtlichen oder dem Privat-TV am stärksten unternehmerisch. Für ihre Titel zahlen die Kunden direkt, weil sie diese lesen wollen, und nicht per Zwangsgebühr, nicht ausschließlich über Werbung und nicht durch die Nutzung ihrer Daten. Ein starkes Statement sind 270 Mio. Euro, die die Menschen in Deutschland monatlich alleine für Zeitschriften ausgeben. Wer für Medien in einem Verlagshaus arbeitet, arbeitet unternehmerisch, in spannenden inhaltlichen Umfeldern mit kreativen Menschen und gestaltet den Medienwandel maßgeblich mit.

Die Medienbranche ist seit geraumer Zeit im Umbruch der Digitalisierung. Wie wirkt sich das auf den Arbeitsmarkt in Verlag und Redaktion aus?

Die mediale Transformation fordert die Verlagshäuser und ihr Management heraus. Mit den vielen neuen Angeboten der Unterhaltung und Information wird der Wettbewerb um die Aufmerksamkeit und Zeit der Menschen und um die Budgets der Werbekunden immer härter, Tempo und Komplexität sind deutlich anspruchsvoller geworden. Die Kunden werden immer kritischer und verlangen den Dialog – etwas, was Verlage gut bedienen können.

Die Verlagshäuser antworten auf das komplett veränderte Umfeld mit neuen Geschäftsmodellen, anderer Kundenansprache, modernen Prozessen und moderner Führungs- und Mitarbeiterkultur. Unverzichtbar ist eine stärkere Technik-Orientierung, zudem ganzheitlichere und übergreifendere Organisationsstrukturen, kein Denken in Schubladen bzw. Abteilungen. Die Praxis der Newsrooms, in dem Redaktionen gemeinsam und kooperativ Inhalt für Print, Web, Social, Mobile, Video produzieren, zeigt dies offenkundig.

Wie sieht der Arbeitsmarkt 2015/2016 für Wirtschaftswissenschaftler in der Medienbranche aus?

Neben IT-Spezialisten suchen Verlagshäuser Experten für das Vertriebsgeschäft, also Direct Marketing, für Marktforschung und vor allem für die Entwicklung neuer Geschäftsmodelle.

3.8.1 Die Branche in Zahlen

Noch 2013 verzeichnete der Forschungsbericht des Bundeswirtschaftsministeriums „Monitoring zu ausgewählten wirtschaftlichen Eckdaten der Kultur- und Kreativwirtschaft" 24.721 Unternehmen mit über einer Mio. Mitarbeiter, davon 772.000 sozialversicherungspflichtig Beschäftigte. Der Umsatz lag bei 142,8 Mrd. Euro, was einem Anteil von 2,5 % an der Gesamtwirtschaft entspricht.

Doch wie kaum eine andere Branche verändert die Medienbranche im Zuge der Digitalisierung nicht nur ihre Geschäftsmodelle, sondern auch Quantität und Qualität der Arbeitsplätze.

Die „Wachstumsbranche Medien" sei jedoch ein Mythos, so etwa der Jenaer Medienökonom Wolfgang Seufert. So wuchs die Medienwirtschaft in den vergangenen gut 20 Jahren weniger stark als die Gesamtwirtschaft in Deutschland. Sie konnte – über die Gesamtsicht – nicht wie andere von der IT-Revolution profitieren. Von 1991 bis 2011 legte die deutsche Volkswirtschaft ohne Abzug der Preissteigerungen (= Bruttowertschöpfung) um 70 % zu, (jährlich 2,6 %). Allerdings gilt es zu differenzieren (vgl. das Interview mit Frank Giersberg). So lagen AV-Medien/Rundfunk mit 3,6 %, Verlage mit 2,8 % über der gesamtwirtschaftlichen Rate.

Auch die Entwicklung der Erwerbstätigenzahl ist in den Branchen unterschiedlich: Im Bereich „AV-Medien/Rundfunk" gab es von 1991 bis 2001 Zuwachs (54 %). Im Verlagswesen sank die Zahl der Mitarbeiter um 85.000 auf 265.000 (- 24 %). In der Werbewirtschaft hat sich die Erwerbstätigenzahl etwa auf 275.000 verdoppelt im Jahr 2011. Allerdings: Ein Drittel dieses Anstiegs geht auf Selbstständige zurück, also Kleinunternehmer mit niedrigen Umsätzen und Gewinnen.

Das Statistische Jahrbuch 2014 verzeichnet insgesamt 494.600 Beschäftigte in Werbung, Marketing, kaufmännischen und redaktionellen Bereichen der Medien. Davon entfallen auf Werbung/Marketing 364.400 und auf Medien 76.700 Beschäftigte.

Diese Zahl korrespondiert mit Schätzungen von Berufsverbänden. Danach arbeiten etwa 30–40.000 Journalisten „frei", d. h. als Selbstständige. Dazu kommen 45.000 festangestellte Journalisten. Davon ist ein Drittel bei Tageszeitungen tätig, ein Viertel beim Rundfunk. Der Rest ist bei Zeitschriften, Online-Diensten oder in Pressestellen und PR-Agenturen beschäftigt. Zu dieser Gruppe der redaktionell Tätigen kommt eine Vielzahl von Verlags-, Vertriebs- oder Personalmitarbeitern, die in Administration, Werbung oder Organisation eingesetzt sind

Im Juni 2014 waren laut Bundesagentur für Arbeit 137.947 sozialversicherungspflichtig Beschäftigte in Verlagen tätig. Dazu gehören Buch-, Zeitungs-, Zeitschriften- und sonstige Verlage. Mehr als die Hälfte davon sind weibliche Angestellte. 2014 meldet der Verband der Zeitschriften-Verlage selbst mehr als 60.000 Mitarbeiter und einen Gesamtumsatz von 15,1 Mrd. Euro. (Vorjahr: 14,85 Mrd. Euro, +1,7 %) Für 2015 erwartet die Zeitschriftenbranche im Digitalgeschäft ein Umsatz-Plus von 9 %, dieser Bereich macht 16 % des Gesamtumsatzes aus. Das Print-Geschäft bleibt mit 64 % die tragende Säule. Hier bedeuten 1.595 Publikumszeitschriften ein Allzeit-Hoch, davon 133 neu in 2014. 51 % der Verlage wollen 2015 neue Print-Titel auf den Markt bringen. In den ersten beiden Monaten 2015 waren es bereits 16.

Für den Senderverbund der ARD arbeiten Menschen in unterschiedlichen Bereichen wie Programm, Produktion, Verwaltung, Technik. 2013 gab es in den neun Landesrundfunkanstalten zusammen rund 19.800 Planstellen, mit Teilzeitbeschäftigten knapp 22.800 festangestellte Mitarbeiter: ein leichtes Plus zum Vorjahr. Rund 3.600 feste Mitarbeiter beschäftigt das ZDF im Sendezentrum Mainz, im Hauptstadtstudio Berlin sowie in 16 Inland- und 18 Auslandstudios. Hinzu kommen rund 1.900 Vollzeit-Äquivalente, die sich auf ca. 4.500 „Freie" aufteilen.

Die Zahl der Beschäftigten im deutschen Privatfernsehen blieb konstant. Etwa 18.000 Menschen arbeiten für private deutsche Fernsehsender. Davon waren fast 15.000 fest angestellt. Im privaten Hörfunk sind etwa 6.600 Menschen beschäftigt, rund 2.500 fest.

Sozialversicherungspflichtig Beschäftigte nach Wirtschaftszweigen

Verlagswesen	137.947
Verlegen von Büchern usw., sonstiges Verlagswesen	113.940
Verlegen von Software	24.007
Herstellung, Verlag u. Vertrieb von Filmen, Fernsehen; Kinos; Tonstudios und Verlegen von Musik	40.375
Herstellung von Filmen und Fernsehprogrammen, deren Verleih und Vertrieb; Kinos	35.933
Tonstudio; Herstellung von Hörfunkbeiträgen; Verlegen von besprochenen Tonträgern und Musikalien	4.442
Rundfunkveranstalter	56.897
Hörfunkveranstalter	34.921
Fernsehveranstalter	21.976
Telekommunikation	69.046
Leitungsgebundene Telekommunikation	35.417
Drahtlose Telekommunikation	13.584
Satellitentelekommunikation	710
Sonstige Telekommunikation	19.335
Erbringung von Dienstleistungen der Informationstechnologie	568.723

Informationsdienstleistungen	52.660
Datenverarbeitung, Hosting und damit verbundene Tätigkeiten; Webportale	22.277
Erbringung von sonstigen Informationsdienstleistungen	30.383

Quelle: Bundesagentur für Arbeit. Arbeitsmarkt in Zahlen. Beschäftigungsstatistik. Juni 2014.

3.8.2 Ausblick

„Irgendwas mit Medien." Vor nicht langer Zeit lautet so die Antwort vieler Akademiker auf die Frage nach ihrem Berufsziel. Diese Zielprojektion hat sich verändert. Eine der Ursachen mag das veränderte Image der Branche sein: Das Ansehen der Journalisten leidet: nur jeder vierte Deutsche vertraut der sogenannten vierten Gewalt (-14 %). Vor zehn Jahren waren es noch 40 %, wie aus der der Reader's-Digest-Studie „Trusted Brands 2015" hervorgeht. Noch mehr Ansehen verlor nur der Berufsstand der Taxifahrer: Ihnen vertraut zwar heute jeder Zweite, vor zehn Jahren waren es 65 % (-16 %). Auf Platz drei der Berufe im Image-Sinkflug: Piloten. Danach folgen Priester und Pfarrer. Hohes Ansehen genießen Feuerwehr, Krankenschwestern, Apotheker, Ärzte und Polizisten.

Auf der anderen Seite spielt die Medien- und Unterhaltungsbranche „eine häufig unterschätzte Rolle für die wirtschaftliche Entwicklung der Städte: Damit ist die Medienbranche äußerst produktiv und in vielen Städten genauso groß wie die verarbeitende Industrie" – so lautet etwa ein Ergebnis der Studie der Beratungsfirma PwC „Cities of Opportunity: The urban rhythm of entertainment and media": Die Branche sei besonders bedeutsam für junge, gut ausgebildete Städter. So verdienten in Berlin 2013 etwa 10 % der Berufstätigen in der Medienbranche ihr Geld und erwirtschafteten 13 % des Bruttoinlandsprodukts der Stadt. Die Jobs reichen von der Informationserstellung über dienstleistungsorientierte Jobs in Werbung oder Marktforschung bis zu technikorientierten Berufen in der Druckindustrie. Die Beschäftigten der Medienbranche sind in der Regel gut ausgebildet, jünger als der Bevölkerungsdurchschnitt und häufig freiberuflich.

3.9 Nahrungs- und Genussmittel

„Ökonomen haben viele Schnittstellen. Der gemeinsame Nenner ist die Begeisterung für Top-Lebensmittel."

Interview mit: Dr. Danielle Borowski, LL.M., Rechtsanwältin, Arbeitgebervereinigung Nahrung und Genuss e.V. (ANG), München

Wie sieht der Arbeitsmarkt 2015/2016 für Wirtschaftswissenschaftler in der Branche Nahrung/Genuss aus?

In allen Bereichen der Ernährungsindustrie stehen Arbeitsplätze zur Verfügung, für die Wirtschaftswissenschaftler in ihrem Studium vorbereitet werden und die sie damit besetzen können. Ob ein einzelnes Unternehmen auch alle Einsatzmöglichkeiten tatsächlich anbietet, hängt stark von der Größe und Struktur ab. Die Betriebsgrößen reichen vom kleinen Mittelständler bis hin zum internationalen Großkonzern. Grob kann man sagen: Je größer das Unternehmen, desto größer ist der Bedarf an Hochschulabsolventen und insbesondere Wirtschaftswissenschaftlern. Die Unternehmen der Ernährungsindustrie haben als moderne Arbeitgeber entsprechend viel zu bieten. Die Branche war und ist trotz aller Veränderungsprozesse extrem krisensicher. Langfristige Beschäftigungsverhältnisse mit attraktiven Beschäftigungs- und insbesondere auch Versorgungbedingungen sind üblich.

Welche Einsatzbereiche und Aufgaben erwarten Wirtschaftswissenschaftler in der Ernährungsindustrie? Was sollten Bewerber mitbringen?

Die Ernährungsindustrie ist sehr bunt und vielfältig. Daher können bei uns grundsätzlich Menschen unterschiedlichster Ausbildungen und Qualifikationen Karriere machen. Voraussetzung ist zunächst, dass Leidenschaft für Lebensmittel mitgebracht wird, und zwar unabhängig davon, ob es sich um eine Tätigkeit direkt am Lebensmittel handelt oder nur mittelbar.

Wirtschaftsexperten werden sowohl für Steuern und Finanzen, im Controlling- und Personalbereich, aber auch für Marketing, Marktforschung und Kommunikation eingesetzt. Das wachsende Bewusstsein für Nachhaltigkeit und die Verantwortung für den Umgang mit Ressourcen schafft zudem Chancen für Wirtschaftswissenschaftler mit Schwerpunkt auf z. B. Entwicklungs- und Umweltökonomik. Der interdisziplinäre Ansatz kommt auch hier zum Tragen, denn es geht um Produktionsprozesse, Produkte, Zutaten und Standortfragen gleichermaßen.

Wir sind wie beschrieben keine statische Branche. Für alle genannten Einsatzbereiche müssen Wirtschaftswissenschaftler daher Freude am Hinterfragen und Fortentwickeln mitbringen. Bei der Produktion von Lebensmitteln geht es schließlich am Ende darum, den Geschmack des Kunden zu treffen, und das im wahrsten Sinne des Wortes. Vernetztes und interdisziplinäres Denken ist folglich ein Muss. Ökonomen haben viele Schnittstellen, sowohl im eigenen Haus als auch zu Kunden und Lieferanten. Der gemeinsame Nenner bei allen Einsatzfeldern ist die Begeisterung für Top-Lebensmittel.

Warum handelt es sich bei der Ernährungsindustrie um eine zukunftsträchtige Branche?

Bei der Frage nach der Zukunftssicherheit gilt der Satz: „Gegessen und getrunken wird immer." Dabei ist die maximale Qualität für die Verbraucher eine der obersten Maximen, aber auch der Preis wird streng im Auge behalten. Daher geht der Trend einerseits zu Innovation bezüglich Produktentwicklung und Produktoptimierung. Andererseits bestehen enorme Herausforderungen für das Management mit Prozessoptimierung, Organisationsmanagement und Qualitätskontrolle.

Stellen Sie sich zudem vor, wie sich das typische Supermarktregal in den letzten zehn Jahren stark und nachhaltig verändert hat. Hieran wird deutlich, wie spannend diese Branche ist. Angesichts der Bevölkerungsentwicklung lässt sich nur erahnen, welches Potenzial hier noch besteht. Unsere Arbeitsplätze sind also nicht nur spannend, sondern auch sicher.

3.9.1 Die Branche in Zahlen

Die Nahrungs- und Genussmittelindustrie ist kennzeichnet durch viele Unternehmen verschiedener Größe und Ausrichtung, die auf unterschiedlichen Stufen der Wertschöpfung diverse (Zwischen-)Produkte erstellen. Dieser Prozess reicht vom Anbau von Feldfrüchten über deren produktspezifische (Weiter-)Verarbeitung bis zu Verpackung und Handel.

Bekannt sind in der Regel große Konzerne wie Kraft Foods (Jacobs, Milka, Tassimo, Philadelphia) oder Mars (Snickers, Bounty, Whiskas), Nestlé (Alete, Herta, Maggi, Nescafé, Thomy) oder Unilever (Bertolli, Knorr, Langnese, Laetta, Pfanni). Doch neben ihnen agiert eine Vielzahl mittelständischer Unternehmen. Die Ernährungsindustrie hatte in 2013 alleine in Deutschland rund 555.000 Beschäftigte in 5.920 Betrieben und ist damit sozialpolitisch der zweitgrößte Industriezweig Deutschlands. In der zu 95 % durch kleine und mittelständische Unternehmen geprägten Branche stieg die Zahl der Beschäftigten 2013 um 5.000 Stellen.

Kennzahlen der Ernährungsindustrie 2013

	2013 (Mrd. Euro)	Veränderung zu 2012 (in %)	2012 (Mrd. Euro)	Veränderung zu 2011 (in %)
Umsatz nominal	175,2	+3,5	169,3	+3,6
davon Inland	121,6	+2,9	118,1	+2,4
davon Ausland	53,6*	+4,8*	51,2	+6,8
- EU	42,4*	+6,0*	40,0	+4,9
- Drittländer	11,2*	+0,3*	11,2	+13,9
Reale Umsatzentwicklung		+ 1,0		+0,2
Auslandsanteil am Umsatz		31		30,5
Betriebe	5.920	-0,8	5.970	+0,1
Beschäftigte	555.300	+0,1	550.000	+1,4
Verbraucherpreise gesamt		+1,5		+2,0
davon Nahrungsmittel und Getränke		+3,9		+3,4
Verkaufspreise Ernährungsindustrie				
Inland		+2,8		+3,6
Export		+1,8		+3,2

*vorläufige Schätzung
Quelle: Statisches Bundesamt, Bundesvereinigung der Deutschen Ernährungsindustrie (BVE)

2013 erreichte die Branche einen Umsatz von 175,2 Mrd. Euro. Das entspricht einem Zuwachs von 3,5 % gegenüber 2012. Bei einer Exportquote von 31 % bleibt das Auslandsgeschäft der maßgebliche Wachstumstreiber. Etwa 85 % des Exports verbleibt innerhalb der Länder der Europäischen Union. Die wichtigsten Handelspartner außerhalb der EU sind (bzw. waren bis zum Embargo anlässlich der Ukraine-Krise) Russland und die USA. Die Bedeutung Osteuropas als Produzent und Konsument wächst.

Anzahl der Beschäftigten in der Ernährungsindustrie in Deutschland nach Segmenten im Jahr 2013

Herstellung von Back- und Teigwaren	185.196
Schlachten und Fleischverarbeitung	105.747
Milchverarbeitung (inkl. Herstellung von Speiseeis)	38.036
Herstellung von Süßwaren (ohne Dauerbackwaren)	36.440
Obst- und Gemüseverarbeitung (inkl. Fruchtsaftherstellung)	29.581
Herstellung von Bier	26.825
Herstellung von Erfrischungsgetränken, Mineralwassergewinnung	25.482
Herstellung von sonstigen Nahrungsmitteln a. n. g.	17.643
Herstellung von Futtermitteln	14.247
Herstellung von Würzmitteln und Soßen	13.404
Mahl- und Schälmühlen, Herstellung von Stärke und Stärkeerzeugnissen	13.191
Herstellung von Fertiggerichten	12.246
Verarbeitung von Kaffee und Tee, Herstellung von Kaffee-Ersatz	8.470
Fischverarbeitung	6.649
Herstellung von pflanzlichen und tierischen Ölen und Fetten	5.093
Herstellung von Zucker	4.986
Herstellung von homogenisierten und diätetischen Nahrungsmitteln	3.461
Herstellung von Traubenweinen	3.396
Herstellung von Spirituosen	3.130
Herstellung von Malz	785

Quelle. Statistisches Bundesamt. Statista 2015

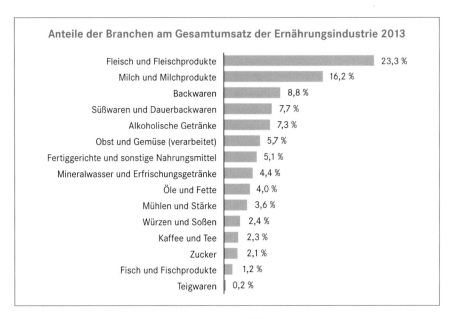

Anteile der Branchen am Gesamtumsatz der Ernährungsindustrie 2013

Fleisch und Fleischprodukte	23,3 %
Milch und Milchprodukte	16,2 %
Backwaren	8,8 %
Süßwaren und Dauerbackwaren	7,7 %
Alkoholische Getränke	7,3 %
Obst und Gemüse (verarbeitet)	5,7 %
Fertiggerichte und sonstige Nahrungsmittel	5,1 %
Mineralwasser und Erfrischungsgetränke	4,4 %
Öle und Fette	4,0 %
Mühlen und Stärke	3,6 %
Würzen und Soßen	2,4 %
Kaffee und Tee	2,3 %
Zucker	2,1 %
Fisch und Fischprodukte	1,2 %
Teigwaren	0,2 %

Quelle: Bundesvereinigung der Deutschen Ernährungsindustrie (BVE)

3.9.2 Ausblick

Die Branche ist geprägt durch steigende Produktionskosten, hohen Wettbewerbsdruck und eine starke Konzentration des Lebensmitteleinzelhandels. Denn: Die bedeutendsten Kunden sind Handelsketten und Discounter, für die auch Eigenmarken erzeugt werden. Zu erwarten ist, dass sich die Einkaufsmacht des Handels auch auf die Nahrungsmittel-Industrie auswirkt. Auf der anderen Seite profitiert die Branche vom positiven Konsumklima: Die Verbraucher gaben Anfang 2015 mehr für den privaten Konsum aus; die positive Reallohnentwicklung gibt dem privaten Verbrauch noch mehr Spielraum.

Weit entferntere Perspektiven entwickeln etwa das Zukunftsinstitut in Kelkheim und der Personaldienstleister DIS AG, Düsseldorf. In ihrer Trendstudie „Future Jobs" haben sie neue Märkte identifiziert, die neue Anforderungen stellen. Ein Beispiel sei die Nahrungsmittelindustrie. Sie „verschwimmt beim Thema Functional Food mit der Pharmabranche". Künftige Mitarbeiter in diesem Teilbereich brauchen ein Know-how, das sowohl praktische Tätigkeiten der Landwirtschaft als auch theoretisches Wissen zur Energiegewinnung vereint. „Sie werden wissen müssen, wie Nahrungsmittel in Treibhäusern gezüchtet und energieeffizient versorgt werden."

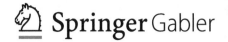

3.10 Special Konsumgüterindustrie

Was haben Schokoladentafel, Hautcreme und Jeanshosen gemeinsam? Es sind Konsumgüter und sie entstammen somit einer der größten und vielfältigsten Branchen überhaupt: der Konsumgüterindustrie. Die Unternehmen der Branche lassen sich einteilen in Hersteller von Slow Moving Consumer Goods (SMCG) wie Bekleidung, Schuhe und Möbel und in Firmen aus dem FMCG-Bereich (Fast Moving Consumer Goods). Unter FMCG-Produkten versteht man schnelldrehende Produkte, auch „Renner" genannt, also Waren, die schnell das Verkaufsregal verlassen. Darunter fallen Konsumgüter des täglichen Bedarfs wie Nahrungsmittel, Körperpflegeprodukte, Reinigungsmittel etc., die Konsumenten häufig und in der Regel ohne lange zu überlegen einkaufen.

Zur Konsumgüterindustrie zählen alle Produktionsbetriebe, die primär **Güter für den privaten Gebrauch** herstellen. Dazu gehören so unterschiedliche Unternehmen wie Hersteller von Automobilen oder Einrichtungsgegenständen oder Tabak- und Lebensmittelkonzerne. Der deutsche Markenverband bezieht Firmen aus den Bereichen Nahrungs- und Genussmittel, Pharma und Telekommunikation mit ein. Dem 1903 gegründeten Markenverband gehören rund 400 Unternehmen an. Die Markenartikelindustrie beschäftigt in Deutschland mehr als 1,4 Mio. Menschen. Eines der wichtigsten Teilgebiete der Konsumgüterbranche ist die Lebensmittelindustrie. Sie beschäftigt in Deutschland etwa 555.000 Mitarbeiter und konnte 2013 laut Bundesvereinigung der deutschen Ernährungsindustrie (BVE) ihren Branchenumsatz auf 175 Mrd. Euro steigern.

3.10.1 Die Situation der Branche

Keiner macht mehr Umsatz als Nestlé, europäische Unternehmen verlieren aber generell an Bedeutung: Das ist das Ergebnis der jährlichen Studie „Trends und Strategien im Konsumgütermarkt" der internationalen Unternehmensberatung OC&C Strategy Consultants über die 50 erfolgreichsten Konsumgüterhersteller der Welt. Für die Analyse haben die Branchenexperten bereits zum 13. Mal die Kapitalmarktinformationen der weltweit führenden Konsumgüterhersteller unter die Lupe genommen: Demnach ist die Situation der Konsumgüterkonzerne alles andere als rosig. 2013 – aktuellere Zahlen gibt es nicht – legten die 50 größten Hersteller im Schnitt lediglich um 2,9 % zu – im Jahr davor waren es noch 5,5 %, 2011 sogar 8,1 %. Der Grund dafür ist nach Ansicht der Beratungsfirma eine bewusst gewählte Gewinn- statt Umsatzorientierung. „Wir sehen bei vielen großen Playern nach wie vor ein gesundes organisches Wachstum", erklärte Ludwig Voll, Partner bei OC&C und Mitautor der Studie. „Die andauernde Portfoliobereinigung und das daraus resultierende Übergewicht an Verkäufen geht allerdings auf Kosten des Umsatzwachstums bei den 50 weltweit größten FMCG-Unternehmen." Trotzdem hält der Berater die konsequente Ausrichtung auf Kernmarken und -kompetenzen für den wichtigen und richtigen Schritt.

Die zehn umsatzstärksten FMCG-Unternehmen

Rang	Unternehmen	Land	Umsatz 2013 (in Mrd. US-Dollar)
1.	Nestlé AG	Schweiz	99,5
2.	Procter & Gamble	USA	84,2
3.	PepsiCo	USA	65,4
4.	Unilever	UK/Niederlande	66,1
5.	Coca-Cola Company	USA	46,9
6.	AB InBev	Belgien	43,2
7.	JBS	Brasilien	41,2
8.	Mondelez	USA	35,3
9.	Archer Daniels Midland	USA	34,9
10.	Tyson Foods	USA	34,4

Quelle: OC&C, 2013

Die Statistik zeigt ein Ranking der wichtigsten Marken im Bereich schnelllebiger Konsumgüter nach geschätzten Markenwerten im Jahr 2014. In diesem Jahr stand die Tochtergesellschaft von Procter & Gamble, Gilette Company, an der Spitze der Rangliste. Der Markenwert – auch „Brand Equity" oder „Brand Value" genannt – berücksichtigt die Tatsache, dass der Wert eines Unternehmens nicht nur aus dem Umsatz, den Firmenimmobilien, dem Mitarbeiterpotenzial und Patenten besteht, sondern auch aus dem nicht-materiellen Wert seiner Marke bzw. seiner Marken.

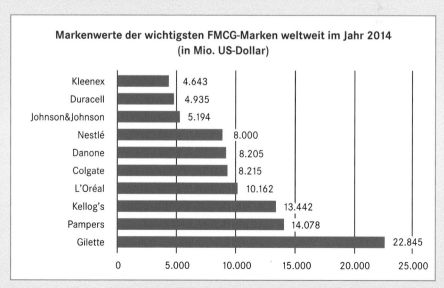

Markenwerte der wichtigsten FMCG-Marken weltweit im Jahr 2014 (in Mio. US-Dollar)

Marke	Wert
Kleenex	4.643
Duracell	4.935
Johnson&Johnson	5.194
Nestlé	8.000
Danone	8.205
Colgate	8.215
L'Oréal	10.162
Kellog's	13.442
Pampers	14.078
Gilette	22.845

Quelle: Statista 2015

3.10.2 Aktuelle Herausforderungen

Die Konsumgüterindustrie sieht sich mit einer ganzen Reihe von aktuellen Trends konfrontiert, die mittelfristig ihr Geschäft bestimmen, wie der Managementberater Accenture in der Studie „Technology Vision 2014 für Consumer Packages Goods" herausgefunden hat. Demnach sieht sich die Industrie immer selbstbewussteren und fordernden Kunden gegenüber. Käufer sind heute weitaus besser informiert als noch vor einigen Jahren, vor allem dank vielfältiger Recherchemöglichkeiten im Internet. Zudem haben sie einen viel umfassenderen Überblick über die ganz Produktpalette und wählen gezielt aus. Für die Hersteller bedeutet das, dass sie viel genauer über Kaufgewohnheiten Bescheid wissen und Produktgestaltung, Werbung, Promotion schneller anpassen müssen als früher. Auch der Handel übt immer mehr Druck auf die Hersteller aus. Da der Handel seinerseits häufig mit geringen Margen kalkulieren muss, braucht er Produkte, die sich schnell und sicher verkaufen. Hersteller zahlen nicht selten Listengebühren, um ihre Produkte überhaupt platzieren zu können. Dazu kommt, dass Produkte in immer kürzeren Abständen „neu erfunden" werden müssen, damit sie für Kunden und Handel attraktiv genug sind. Kürzere Produktionszyklen betreffen vor allem Produkte der Unterhaltungselektronik und der Telekommunikation. Daher steigen die Anforderungen an die Bereiche Entwicklung und Produktion. Viele Anbieter sind aus dem Grund zu einer Vertikalisierung ihrer Struktur übergegangen: Durch die verstärkte Integration von Produktion und Vertrieb können Hersteller fast tagesaktuell auf neue Kundenwünsche reagieren und so auch den Trend zur individuellen Massenfertigung (mass customization) bedienen. Beispiel Textilbereich: Viele Hersteller haben eine eigene Verkaufsplattform im Internet und treten so unter Ausschaltung des Handels direkt mit den Kunden in Kontakt.

Steigende Rohstoffpreise sind ein Trend, der den Konsumgüterherstellern zunehmend zu schaffen macht. Ob Baumwolle, Rohöl, Metalle oder anderer Rohstoffe: Konsumgüterhersteller müssen sich ebenso auf eine steigende Weltmarkt-Nachfrage einstellen wie auf sich verknappende Ressourcen und zunehmende Spekulationen an den internationalen Rohstoffbörsen. Die Rohstoffsicherung wird somit zu einem zentralen Thema vieler Produzenten. Hinzu kommen steigende Anforderungen daran, Rohstoffe zu ihrem Ursprung zurückverfolgen zu können. So kann Nachhaltigkeit in der eigenen Wertschöpfungskette dokumentiert werden, da ein sozialverantwortliches und umweltverträgliches Handeln zunehmend im Fokus der breiten Öffentlichkeit steht. Negative Publicity muss vermieden werden, durch glaubwürdige Kommunikation muss das eigene Engagement als Erfolgsfaktor genutzt werden.

Neben den Anforderungen des Handels müssen sich die Konsumgüterhersteller auch den Ansprüchen der Absatzmärkte in den jeweiligen Ländern stellen. So ist Osteuropa weiterhin ein wichtiges Expansionsziel der großen Handelsketten. Entsprechend ziehen die Produktion und Logistik der Hersteller nach, um auch in diesen Ländern als Vorlieferant agieren zu können. Zudem stellen die jeweiligen Vorschriften und Gesetze der verschiedenen Länder eine zusätzliche Herausforderung dar. Dies bezieht sich ebenso auf den Herstellungsprozess wie auf die Sicherheit eines Produktes und dessen Entsorgung im Recycling-Kreislauf.

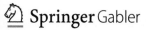

Für die kommenden Jahre gibt sich die Branche allerdings etwas optimistischer, was ihre Wachstumsaussichten betrifft. So hat das zum zweiten Mal vom Beratungsunternehmen KPMG durchgeführte „Global Consumer Executive Top of Mind Survey 2014" im Vergleich zur Vorjahresbefragung einen deutlichen Positivtrend gezeigt. Unter dem Eindruck der Wirtschaftskrise stand damals noch die Sorge um Absatz und die Profitabilität der Produkte im Vordergrund. In der aktuellen Umfrage haben dagegen Zukunftsthemen die Spitzenplätze auf der Agenda der CEOs erklommen. Dazu gehören insbesondere Technologiethemen wie die Digitalisierung, Big Data und die Organisation der Lieferketten. Für die Studie wurden weltweit fast 500 Vorstände und Führungskräfte aus der Konsumgüterindustrie und dem Einzelhandel in 32 Ländern befragt.

Da die Nachfrage der Verbraucher nach einem digitalen Einkaufserlebnis wächst und sich immer mehr Geschäft in Richtung Online-Handel und eCommerce verlagert, bemühen sich die Unternehmen, diese Entwicklung aufzugreifen.

Die Suche nach erfolgversprechenden digitalen Strategien und Verkaufsplattformen steht bei der Mehrheit (54 %) der befragten Konzern-CEOs an Platz 1 ihrer Agenda für die kommenden zwölf Monate. Fast ein Drittel (32 %) geben jedoch an, dass sie in ihrem Unternehmen derzeit noch geringe oder gar keine Fähigkeiten in diesen Bereichen haben. Hand in Hand mit der externen Digitalisierung des Konsums beim Verbraucher, so KPMG weiter, gehen auch die beiden anderen Top-Themen für die CEOs – Big Data und das Management der eigenen Lieferketten. Für die Mehrheit (56 %) der Unternehmenslenker steht fest, dass die neuen Möglichkeiten der digitalen Datenverarbeitung und -vernetzung große Auswirkungen auf die Branche und ihre jeweiligen Business-Modelle haben werden. Deshalb räumen sie diesem höchste strategische Priorität ein. Gleichzeitig sorgt die Datenflut für zusätzliches Kopfzerbrechen bei den CEOs. Fast jeder zweite Befragte (47 %) sieht in dem Thema Datensicherheit die aktuell größte Herausforderung für das eigene Unternehmen.

Wie die Beratungsfirma The Boston Consulting Group feststellt, müssen Konsumgüterhersteller vor allem folgende Fragen für sich beantworten:

- Wie geht das Unternehmen mit steigendem Kostendruck und Rohstoffrisiken um?
- Wie reagiert das Unternehmen auf einen sich stetig ändernden Konsumentengeschmack und immer kürzere Produktlebenszyklen?
- Wie lassen sich die unterschiedlichsten Bedürfnisse und Wünsche der Konsumenten befriedigen? Wie reagiert das Unternehmen auf einen sich immer stärker konsolidierenden Einzelhandel?

Und der Personalberater rarecompany AG ergänzt: „Strukturelle Trends wie der demografische Wandel, einsetzende Marktsättigungen und ein immer wieder volatil schwankendes Konsumklima zwingen die Unternehmen zu einem Transformationsprozess entlang der gesamten Wertschöpfungskette. Es gilt, Verbraucher noch besser als bisher zu verstehen, Produktinnovationen schneller zu platzieren und die operative Exzellenz neben dem Vertrieb und der Distribution weiter zu optimieren. Welche Strategien versprechen sowohl in aufstrebenden als auch in entwickelten Märkten Wachstum?

Schließlich liegt eine große Chance für Konsumgüterhersteller in technischen Neuerungen wie dem **Cloud Computing**. Wie die Wirtschaftsprüfergesellschaft Deloitte in ihrem 2012er Report „Rethinking the Role of IT for CPG Companies – using Cloud Computing" feststellte, hinkt das Cloud Computing in der Konsumgüterindustrie gegenüber anderen Branchen noch hinterher – holt jedoch auf und geht dabei weit über rein technische Aspekte hinaus. Die Vorteile gezielter Cloud-Dienste reichen von besseren, intensiveren Kundenbeziehungen über einen attraktiveren Return on Investment (ROI) und geringere IT-Kosten bis hin zu beschleunigten Innovationszyklen. Vor allem ermöglichen sie nun auch kleineren Firmen Skalenvorteile beispielsweise im Supply Chain Management. Cloud Computing kann der Konsumgüterindustrie deutlich mehr bieten als eine Optimierung von Teilbereichen – nämlich Treiber und Herzstück einer kompletten Business Transformation sein. „Die Herausforderungen der Konsumgüterindustrie sind groß und vielfältig: sinkende Markenbindung, Konsumzurückhaltung und der Siegeszug des Mobile Commerce sind nur einige. Der intelligente Einsatz von Cloud Computing ermöglicht den Anbietern die Entwicklung eines erneuerten Geschäftsmodells", kommentiert Andreas Süß, Partner im Bereich Consumer Business bei Deloitte. Die Cloud ermögliche der Konsumgüterindustrie, ihre Potenziale sukzessive für sich zu entdecken und immer weiter dazuzulernen. Die Fähigkeit, schnell und effizient Produkte zu entwickeln, die sich am Kundenbedarf orientieren, mache die Cloud zum optimalen Instrument für eine Branche, die nur allzu oft von „Me-too"-Produkten geprägt ist. Mit Cloud-basierten Services könne sich die gesamte Konsumgüterindustrie erfolgreich den aktuellen Herausforderungen stellen.

Die stagnierenden westlichen Märkte sind aufgrund der Kaufzurückhaltung und des demografischen Wandels heiß umkämpft: Ein Trend, um die Konsumenten für die eigene Marke zu begeistern, ist die sogenannte **Mass Customization**. Kunden können Produkte nach ihren persönlichen Vorlieben aus einem Alternativenkatalog zusammenstellen – ein Ersatz für kaum bezahlbare, individuelle Produktlösungen. Differenzierungsstrategien der Markenartikler werden durch diese Entwicklung beeinflusst. Unternehmen setzen vor allem auf Marketing, um ihr Brandportfolio als strategisches Asset zu pflegen und zu entwickeln – „Branding" gilt als Religion des Konsumgütermarketings.

3.10.3 Arbeitsmarkt und Einsatzfelder

Vor allem im Marketing, Brand Management und Sales, aber natürlich auch im Einkauf, Supply Chain Management, Finanz- und Controllingbereich, Human Resources und in der Logistik sowie im Vertrieb suchen Konsumgüterunternehmen Nachwuchskräfte. Die Grenzen der Konsumgüterindustrie sind fließend. Es gibt Berührungspunkte zu vielen angrenzenden Bereichen. In jedem Fall steht im Zentrum der Consumer-Goods-Branche das **Management der Marken**. Das meistverbreitete Berufsprofil der Industrie ist daher das des Marketing- oder Brandmanagers. Wichtige Trends der Konsumgüterindustrie sind häufig getrieben von technischen Neuerungen. So ermöglicht, wie oben erwähnt, etwa der Einsatz von Cloud-Diensten intensivere Kundenbeziehungen, geringere IT-Kosten und beschleunigte Innovationszyklen. Und ohne den Einsatz von RFID-Chips (Radio-frequency

Identification) wären die Lieferketten in Zeiten des globalen Online-Versandhandels schlicht undenkbar. Damit Konsumgüterhersteller Erfolg haben, müssen sie Werbeaktionen effizient durchführen – ohne die eigenen Produkte im Einzelhandel zu kannibalisieren. Hier kommt das **Category Management** (Warengruppenmanagement) ins Spiel. Dabei geht es darum, Produktgruppen nach Kundenbedürfnissen zusammenzustellen und im Handel optimal zu präsentieren. Das Category Management findet deshalb an der Schnittstelle zwischen Konsumgüterindustrie und Handel statt.

Welche Fähigkeiten braucht ein Bewerber in der Konsumgüterindustrie? Zu einer Karriere in der Konsumgüterbranche gehört vor allem ein **Gespür für Marken und Produkte.** Besonders für Wirtschaftswissenschaftler und Ingenieure bieten sich zahlreiche Tätigkeitsfelder in der Konsumgüterbranche. Voraussetzung für einen erfolgreichen Berufseinstieg in die Konsumgüterindustrie sind BWL- und Marketingkenntnisse, Spaß an kreativen Problemlösungen und analytische und quantitative Fähigkeiten. Hervorragende Kommunikationsfähigkeiten, Flexibilität und Präsentationstalent machen außerdem einen erfolgreichen Manager aus. Im Marketing-Management-Alltag wird häufig ohne feste Anweisungen von Vorgesetzten oder genaue Verhaltensregeln gearbeitet. Der Erfolg von Projekten wird vor allem durch Meetings und kreative Brainstormings mit Kollegen gewährleistet. Präsentationen, Meetings und Marktforschung bestimmen den Tagesablauf eines Produkt- oder Marketingmanagers. Großer Freiraum für eigenständiges Handeln und weitreichende persönliche Verantwortung sind also charakteristisch für viele Marketingjobs in der Konsumgüterindustrie. Bewerber sollten sich dieser Arbeitsbedingungen vor dem Einstieg bewusst sein.

> **TIPP** Praktika sind in der Konsumgüterindustrie für den Berufseinstieg besonders wichtig. Extrasemester sollten durch Praxis- und Auslandserfahrung oder außeruniversitäres Engagement erklärt werden können. Personaler achten bei Bewerbern vor allem auf eine Affinität zu ihrem Produkt, Branchenkenntnisse und Sinn für Marken.

3.10.4 Einstiegsmöglichkeiten

Die Karrieremöglichkeiten sind ähnlich breit gefächert wie die Industrie der Consumer Goods selbst. Für die Besetzung von Managerpositionen in Sales, Marketing, Human Resources, Supply Chain und Finance suchen Unternehmen ständig Top-Absolventen mit internationaler Ausrichtung und Berufserfahrung. Üblich sind der Direkteinstieg oder die Teilnahme an einem Trainee-Programm – viele Unternehmen haben sich für eine der beiden Möglichkeiten entschieden.

Beispiel Nestlé: Der Branchenprimus bietet für Absolventen sowohl den Direkteinstieg als auch Trainiee-Programme. Die Programme dauern zwei Jahre und können in den Bereichen

- Finance & Controlling
- Marketing & Sales
- Supply Chain Management

- Technisches Management
- Human Resources

absolviert werden. Einsteiger bekommen von Anfang an einen unbefristeten Arbeitsvertrag sowie einen erfahrenen Coach an die Seite. Wie genau die Traineezeit abläuft, wird individuell entschieden. Üblich sind etwa beim Finance & Controlling-Programm sechs Monate in einem Werk, während der man das Prozesscontrolling an verschiedenen Stationen, wie Produktion, Verpackung, Planung, Wareneingang und Lager, kennenlernt. Der Schwerpunkt als Controller liegt auf dem Jahres- bzw. Monatsabschluss, der Erstellung und Analyse von Abweichungsberichten sowie Prognosen. Danach können 15 Monate in der Zentrale folgen, in denen Corporate Controlling, Vertriebscontrolling und technisches Controlling im Vordergrund stehen. Themen wie Investitionscontrolling, Transferpreisberechnung, Deckungsbeitragsrechnungen oder Verkaufspreiskalkulationen werden behandelt. Man beschäftigt sich mit Marketingbudgets, Konditionscontrolling, Quartalsabschlüssen, Prognosen und Umsatzreportings, sodass der Trainee einen ziemlich guten Einblick in diese Bereiche bekommt. Danach folgen drei Monate Auslandseinsatz an einem der europäischen Unternehmen. Als Controller erfolgt im Anschluss an das Trainee-Programm ein Einsatz entweder in einem der Werke oder in der Zentrale. Im Bereich Marketing & Sales ist zunächst ein einjähriger Sales-Einsatz üblich. Als Begleiter eines Bezirksleiters lernt der Trainee in den ersten vier Wochen eingehend die Verkaufspraxis im Außendienst kennen. In den anschließenden fünf Monaten steht die eigenständige Betreuung eines Verkaufsbezirks als Bezirksleiter auf dem Plan. In dieser Zeit werden Verkaufs- und Platzierungsgespräche mit Kunden, Bestellungen und die Erfüllung von Verkaufsvorgaben trainiert. In der Zentrale steht ein Einsatz im Key Account Management an, wo Erfahrungen in Bezug auf strategische Kundenprojekte gesammelt und Einblicke in neue Abteilungen wie das Category Channel Sales Development (CCSD) erworben werden. Im anschließenden neunmonatigen Marketingeinsatz begleitet man einen erfahrenen Brandmanager und lernt, wie man die Marketinginstrumente einsetzt, wie Produktkonzepte erarbeitet, Verpackungs-Relaunches und Promotion-Aktionen durchgeführt und Wettbewerber beobachtet werden und wie mit Agenturen zusammengearbeitet wird. Nach dem obligatorischen dreimonatigen Auslandseinsatz äußert der Trainee seinen Einsatzwunsch. Das Management nimmt diesen Wunsch auf und stimmt ihn mit den vakanten Stellen ab. Die zukünftige Position ist dann entweder im Bereich Sales oder Marketing, z. B. als Sales Analyst, Junior Brandmanager oder Junior Category Channel Sales Development Manager.

>< Web-Link
www.nestle.de/Karriere/Absolventen

Beispiel Unilever: Mit 400 Marken in über 14 Kategorien mit Haushaltsreinigern, Körperpflegeprodukten und Lebensmitteln berührt kein anderes Unternehmen den Alltag so vieler Menschen auf so unterschiedliche Weise wie Unilever. Weltweit arbeiten 163.000 Menschen für den Konzern. Das Managementnachwuchsprogramm entwickelt und begleitet Absolventen bis zu ihrer ersten Managementposition. Trainees übernehmen als Junior Manager vom ersten Tag an in einem konkreten Job Verantwortung. Sie durchlaufen verschiedene Fachbereiche und übernehmen dabei vielfältige Aufgaben und Projekte. Fachseminare und Soft-Skill-Trainings helfen dabei, vielseitig einsetzbare Management-Allrounder zu entwickeln, denen alle Türen bei Unilever offen stehen. Die Programme dauern zwei Jahre.

Möglich sind Programme in den Bereichen

- Marketing
- Supply Chain Management
- Research & Development
- Customer Development
- Finanzmanagement/Controlling
- Human Resources
- Technisches Management

Im Programm Supply Chain Management lernt der Starter, wie sämtliche Glieder der Versorgungskette – von der Beschaffung von Rohmaterialien bis zur Auslieferung der fertigen Produkte zusammenhängen, egal ob es sich dabei um Gesichts- oder um Eiscreme handelt. Der größte Unternehmensbereich von Unilever sorgt dafür, dass die Produkte stets in den Regalen verfügbar sind, und das zum bestmöglichen Preis. Stationen sind z.B. Bedarfs- und Absatzplanung, Einkauf, Produktion und Logistik. Welche Voraussetzungen brauchen Absolventen dafür? Auf den Karriereseiten von Unilever heißt es hierzu: „Du solltest organisiert sein, gerne mit anpacken und mit Menschen ebenso gut umgehen können wie mit Projekten, Informationen und Veränderungen. Die ideale Basis: ein Wirtschafts- oder Ingenieurstudium mit Schwerpunkt Logistik, Betriebssteuerung oder Finanzen."

 Web-Link
www.unilever.de/careers/graduates/

Beispiel Henkel: Henkel ist weltweit bekannt und in den drei Geschäftsfeldern Wasch-/ Reinigungsmittel, Schönheitspflege und Klebstofftechnologien tätig. Das 1876 gegründete Unternehmen hält mit bekannten Marken wie Persil, Schwarzkopf oder Loctite global führende Marktpositionen im Konsumenten- und im Industriegeschäft. Das Unternehmen hat seinen Sitz in Düsseldorf. Von den weltweit fast 50.000 Mitarbeitern sind über 80 % außerhalb Deutschlands tätig. Damit ist Henkel eines der am stärksten international ausgerichteten Unternehmen in Deutschland. Henkel verfügt über eine ganz eigene Karrierephilosophie: das Triple Two. In mindestens zwei Funktionen, in zwei Ländern und in zwei Unternehmensbereichen vertiefen Einsteiger ihre berufliche und persönliche Erfahrung und bauen ihr internationales Netzwerk aus. Dazu analysieren und bewerten die Führungskräfte im ersten Schritt, dem Development Round Table, die Leistung sowie das Entwicklungspotenzial ihrer Mitarbeiter. Im zweiten Schritt, dem Performance and Development Dialogue, werden in einem vertraulichen Gespräch zwischen dem Mitarbeiter und dem Vorgesetzten die erbrachten Leistungen besprochen und mit den Zielvereinbarungen abgeglichen. Das führt zu Klarheit und dem wichtigen gemeinsamen Verständnis über die eigene Leistung und das Potenzial. Dies bildet das Fundament für die individuelle Entwicklungsplanung aller Mitarbeiter. Und die reicht von Fachtrainings über Coachings bis hin zur Planung der nächsten Position – nicht selten im Ausland oder auch in einem anderen Geschäftsbereich.

>< Web-Link
www.henkel.de/karriere

3.10.5 Verdienstmöglichkeiten

Die Konsumgüterindustrie zahlt gut. Doch die Spanne zwischen hohen und niedrigen Einkommen ist groß. Einsteiger sollten die wesentlichen Gehaltsfaktoren kennen.

Handel und Konsumgüterindustrie bieten Absolventen auf den ersten Blick vergleichbare Einstiegspositionen. Jobs gibt es etwa im Produktmanagement, im Controlling, in der Logistik oder im Vertrieb. Doch die Aufgaben unterscheiden sich häufig, und das gilt auch für die Gehälter in beiden Branchen. Meist gilt: Wer seine Laufbahn in der Konsumgüterindustrie beginnt, kann mit einem höheren Einkommen rechnen als im Handel.

Auch innerhalb der beiden Branchen variieren die Einkommen teils erheblich, wie eine aktuelle Studie der Vergütungsberatung Personalmarkt zeigt. Neben dem Abschluss und der Fachrichtung wirken sich der Einsatzbereich, die Firmengröße und der Unternehmensstandort auf die Höhe des Gehalts aus. Für Einsteiger in die Konsumgüterindustrie liegt der Median beim Gehalt bei knapp 40.400 Euro im Jahr. Im Vergleich zum Handel schneiden sie damit um beinahe 5.000 Euro besser ab.

Allerdings ist auch die Spanne zwischen hohen und niedrigen Verdienstmöglichkeiten nach wie vor größer als im Handel. Die Hälfte der Einsteiger bewegt sich laut Personalmarkt-Auswertung zwischen 50.000 und gut 30.000 Euro, die anderen 50 % zu gleichen Teilen darunter oder darüber.

Das Gehalt hängt stark davon ab, in welcher Abteilung der Einstieg erfolgt. Klarer Spitzenreiter ist der Produktmanager mit 48.700 Euro. Experten für Finance und Controlling finden sich mit knapp 44.600 Euro auf dem zweiten Platz wieder. Es folgen der Einkauf (44.500 Euro) und die Logistik (42.700 Euro). Der Vertrieb (42.000 Euro) steht deutlich besser da als im Handel (dort: 32.300 Euro) und verweist das Marketing auf den letzten Platz (40.000 Euro). Anders als im Handel setzen sich Absolventen mit Master-Abschluss bei Markenherstellern stärker vom Bachelor ab. Im Mittel zahlt sich der höhere Abschluss mit einem Plus von etwa 9.000 Euro aus.

Ein klares Ranking ergibt sich auch beim Blick auf die Fachrichtungen. Informatiker verdienen sowohl im Handel als auch in der Konsumgüterindustrie am meisten. Bei den Markenherstellern liegt der Mittelwert bei gut 50.000 Euro. Platz 2 belegen die Ingenieure mit 45.400 Euro. Es folgen die Naturwissenschaftler (44.700 Euro) und die Juristen (41.900 Euro), anschließend die Wirtschaftswissenschaftler (40.000 Euro). Die Gesellschafts-, Sprach- und Kulturwissenschaften belegen die hinteren Plätze mit einem Median von 30.700 Euro.

Auch die Größe der Firma spielt eine wichtige Rolle für das Einkommen. Als Faustregel gilt: Je größer der Betrieb, desto höher ist das Einstiegsgehalt. Die Differenzen können bis zu 10.000 Euro brutto im Jahr betragen. Regionale Unterschiede fallen ebenfalls ins Gewicht. Je weiter der Blick nach Süden und nach Westen geht, umso besser sind die Gehaltsaussichten.

3.11 Öffentlicher Dienst

„Der Öffentliche Dienst hat einiges an Alleinstellungsmerkmalen."

Interview mit Cornelia Rogall-Grothe, Staatssekretärin im Bundesministerium des Innern und Beauftragte der Bundesregierung für Informationstechnik, Berlin

Wie bewerten Sie den Arbeitsmarkt „Öffentlicher Dienst" 2015/2016?

Es ist eine erfreuliche Tatsache, dass aufgrund des Wirtschaftswachstums in Deutschland die allgemeine Nachfrage nach Arbeitskräften, insbesondere Fachkräften in Deutschland stetig wächst. Gleichzeitig, auch das bestätigt sich seit Jahren, sinkt jedoch das Angebot an Fachkräften infolge des demografischen Wandels. Die Fachkräftesicherung bleibt daher spiegelbildlich zum allgemeinen Arbeitsmarkt auch für den Öffentlichen Dienst ein Schlüsselthema und eine große Herausforderung. Unser Bedarf an qualifizierten Nachwuchskräften ist - hier spreche ich für den Bund - heute schon hoch und wird aufgrund der erwarteten Altersabgänge weiter steigen. Bei einzelnen, nicht generell bei allen Berufsgruppen oder Qualifikationen, wird diese Entwicklung zu Rekrutierungschwierigkeiten führen. Das Schlüsselwort, das mittlerweile bei allen öffentlichen Arbeitgebern angekommen ist, heißt daher „Demografievorsorge". Im Koalitionsvertrag zur 18. Legislaturperiode wurde von den Regierungsparteien für den Bund daher auch eine „demografievorsorgende Stellen- und Personalpolitik" vereinbart.

Die öffentlichen Arbeitgeber wissen, dass sie sich als starke Mitstreiter auf dem Arbeitsmarkt positionieren müssen. Dafür ist es notwendig, dass sie ihre zukünftigen Personalbedarfe in den Verwaltungen passgenau ermitteln, um frühzeitig gegensteuern zu können. Jeder Arbeitgeber muss dazu wissen, bei welchen Aufgaben und Berufen die Altersabgänge überproportional steigen und mit Blick auf den Arbeitsmarkt künftig Lücken entstehen und wo nicht. Im Rahmen unserer Demografiestrategie für den Öffentlichen Dienst arbeitet die Bundesregierung Hand in Hand auch mit den Spitzenorganisationen der Gewerkschaften an einer Methodik für Personalbedarfsanalysen, die auf Altersstrukturen in den Verwaltungen fußen. Bei den Analysen wird berücksichtigt, dass auch die Arbeitswelt im Öffentlichen Dienst permanenter Veränderung unterliegt, beispielsweise durch die zunehmende Digitalisierung der Arbeitsprozesse. Hierdurch sind künftig auch andere oder zusätzliche Qualifikationen, Fertigkeiten und Kompetenzen der Beschäftigten gefragt. Diese Entwicklung wirkt sich dann auch bei Ausbildung und der Nachwuchsgewinnung aus.

Wie positioniert sich der „Staatsdienst" gegenüber der „freien Wirtschaft", wenn es um Recruiting geht?

Der Öffentliche Dienst hat einiges an Alleinstellungsmerkmalen zu bieten: Da denke ich nicht nur an die breite Palette an spannenden und verantwortungsvollen Aufgaben, die häufig in sehr gemischten Teams zusammen für das Gemeinwohl gelöst werden. Hier arbeiten Juristinnen und Juristen, Wirtschafts-, Natur- und Sozialwissenschaftler, Informatiker oder Informatikerinnen und viele andere Spezialisten Hand in Hand. Sie nutzen moderne Informationstechnologien, haben breit gefächerte Fortbildungsmöglichkeiten und Karrierechancen bei guter, fairer Bezahlung.

Darüber hinaus hat sich der Öffentliche Dienst mittlerweile nicht nur unter dem Aspekt „Jobsicherheit" einen Namen gemacht, sondern auch als familienfreundlicher Arbeitgeber. Es gibt eine Vielzahl an Arbeitszeitmodellen, die den Beschäftigten sehr individuell mehr Zeitsouveränität verschaffen, um den Beruf mit dem Familien- und Privatleben vereinbaren zu können. Diese Freiräume werden durch neue Arbeitsformen, etwa durch Telearbeit und mobiles Arbeiten, ergänzt.

Solche flexiblen, lebensphasengerechten Arbeitszeiten und -formen sind aber nicht nur Anreize und damit Instrumente für Arbeitgeber, um sich auf dem Fachkräftemarkt auf der Suche nach qualifiziertem Nachwuchs gegen private Arbeitgeber zu behaupten. Eine demografiesensible, moderne und familienfreundliche Personalpolitik wirkt zugleich leistungssteigernd und motivierend auf die Beschäftigten. Sie trägt also wesentlich dazu bei, dass sich qualifizierte Mitarbeiterinnen und Mitarbeiter für den Öffentlichen Dienst entscheiden, sich ihm verbunden fühlen und ihre Potenziale während des Berufslebens erhalten bleiben. Arbeitgeber- und Arbeitnehmerseite profitieren also beide von attraktiven Beschäftigungsbedingungen.

Wie bewerten Sie die Akzeptanz des Öffentlichen Dienstes bei Hochschulabsolventen?

Das Standing der öffentlichen Arbeitgeber unter Hochschulabgängern ist nach meiner Erfahrung ein gutes, sicherlich auch, weil die oben beschriebenen Vorteile öffentlicher Arbeitgeber mittlerweile bei den Nachwuchskräften angekommen sind. Dafür gibt es gute Belege: Unter dem Titel „Gerne zu Vater Staat: Studenten zieht es in den Öffentlichen Dienst" hat das Unternehmensnetzwerk Ernst & Young seine Studentenstudie 2014 präsentiert. Nach dieser Studie gibt es für viele Studentinnen und Studenten eine deutliche Präferenz für den Öffentlichen Dienst. Mehr als die Hälfte halten die Berufsperspektiven dort für attraktiv.

Das widerlegt in meinen Augen übrigens eindrucksvoll die These, dass es bei den Beschäftigungsbedingungen nur auf die Höhe des Gehalts ankommt. Denn hier könnte der Öffentliche Dienst aufgrund seiner Verantwortung für die öffentlichen Haushalte einen Bezahlwettbewerb mit der Privatwirtschaft nicht gewinnen. Gleichwohl möchte ich betonen: Durch die letzten Tarifabschlüsse, deren Übertragung auf die Beamtinnen und Beamten, die Modernisierung der Entgeltordnung für die Tarifbeschäftigten und auch die Möglichkeit, bei Bedarf Zulagen zu zahlen, haben wir – auch hier spreche ich für den Bund – ein attraktives und faires Bezahlsystem. Auch diese Tatsache ist bei den Nachwuchskräften angekommen.

3.11.1 Die Branche in Zahlen

Das Personal des Öffentlichen Dienstes lässt sich holzschnittartig nach dem Beschäftigungsverhältnis sowie den Beschäftigungs- und Aufgabenbereichen unterscheiden. Die größten Gruppen sind Beamte und Richter (ca. 1,7 Mio., Stand 30.6.2013) sowie angestellte Arbeitnehmer in Verwaltungen von Bund, Land und Kommunen (ca. 2,76 Mio.). Die Berufsgruppe „Soldaten" ist mit ca. 175.000 Personen vergleichsweise klein.

Beschäftigte des öffentlichen Dienstes nach Aufgabenbereichen am 30.6.2013 in %

Aufgabenbereich	%
Allgemeinbildende und berufliche Schulen	21 %
Soziale Sicherung[1]	16 %
Öffentliche Sicherheit und Ordnung, Rechtsschutz	14 %
Hochschulen	11 %
Politische Führung[2]	10 %
Verteidigung[3]	6 %
Gesundheit, Umwelt, Sport und Erholung	5 %
Finanzverwaltung	4 %
Übrige Bereiche	14 %

Ergebnisse der Personalstandstatistik:
1 Einschl. gesetzliche Krankenversicherung, Rentenversicherung, Unfallversicherung, Bundesagentur für Arbeit
2 Einschl. zentraler Verwaltung und auswärtiger Angelegenheiten
3 Einschl. Berufs-/Zeitsoldaten und -soldatinnen ohne freiwillig Wehrdienstleistende

Quelle: Statistisches Bundesamt. Statistisches Jahrbuch 2014. Abschnitt 13. Arbeitsmarkt

Öffentliche Jobs finden sich nicht nur im Rathaus, sondern gleichfalls in Straßenbaubetrieben, Stadtwerken, Krankenhäusern oder bei den Einrichtungen der Sozialversicherung. Dabei beschäftigen die Länder den Löwenanteil der Beamten (ca.1,3 Mio.); bei Bund und Kommunen sind jeweils etwa 180.000 Beamte tätig. Dagegen findet sich das Gros der öffentlich Angestellten mit 1,1 Mio. in den Ländern sowie in den Kommunen (1,2 Mio.). Stark sind auch die Sozialversicherungen (371.000).

Von den insgesamt 4.635.243 Mio. Beschäftigten 2013 waren 60 % Arbeitnehmer, 36,4 % Beamte und Richter sowie 4,0 % Berufs- und Zeitsoldaten. 1991 lag der Anteil der Arbeitnehmer bei 68,8 %. Die Reduzierung des Personalbestandes ging vor allem zulasten der beschäftigten Arbeitnehmer – ihre Zahl reduzierte sich zwischen 1991 und 2011 von 4,64 auf 2,72 Mio. (minus 41,4 %). Die Zahl der Beamten und Richter verringerte sich im selben Zeitraum um 7,9 %.

Nach Angaben des Statistischen Bundesamtes ging die Zahl der Beschäftigten im öffentlichen Dienst seit der Wiedervereinigung um etwa ein Drittel zurück. Ungefähr die Hälfte des Personalabbaus um etwa 1,6 Mio. Beschäftigte seit 1991 ist auf die Privatisierung von Bundesbahn und Bundespost oder die Ausgliederung und Privatisierung von öffentlichen Einrichtungen (z. B. Krankenhäuser) zurückzuführen.

Insgesamt sank die Zahl in den vergangenen 20 Jahren von 5,37 Mio. im Juni 1995 auf 4,51 Mio. bis Mitte 2012, um im Juni 2013 fast 4,64 Mio. zu erreichen. Seither legt die „Branche" wieder leicht zu. Die personalintensivsten Bereiche sind die „allgemeinen Dienste", das Bildungswesen sowie die soziale Sicherung (Kranken-, Renten-, Unfall-, Arbeitslosen- und Pflegeversicherung, kommunale soziale Dienste, Sozialhilfe, Kinder- und Jugendhilfe, Pflegedienste).

Beschäftigte des öffentlichen Gesamthaushalts am 30.06.2013

nach Aufgabenbereichen in Tausend

Aufgabenbereich	Öffentlicher Gesamthaushalt				
	zusammen	Bundesbereich	Landesbereich	kommunaler Bereich	Sozialversicherung
Allgemeine Dienste	1.540,1	397,2	731,4	411,4	0,1
Bildungswesen, Wissenschaft, Forschung, Kulturelle Angelegenheiten	1.426,7	16,7	1.217,0	192,9	-
Soziale Sicherung, Familie und Jugend, Arbeitsmarktpolitik	756,6	2,9	35,5	340,3	378,0
Gesundheit, Umwelt, Sport und Erholung	120,4	7,7	32,9	79,8	0,0
Wohnungswesen, Städtebau, Raumordnung und kommunale Gemeinschaftsdienste	132,2	0,0	16,0	116,1	-
Ernährung, Landwirtschaft und Forsten	35,1	1,5	24,8	8,8	-

Energie- und Wasserwirt-schaft, Gewerbe, Dienst-leistungen	53,1	2,1	13,3	37,3	0,5
Verkehrs- und Nachrich-tenwesen	97,5	23,1	41,3	33,1	-
Finanzwirtschaft	10,0	6,7	2,2	1,1	-
Insgesamt	4.171,7	458,0	2.114,4	1.220,7	378,6

Quelle: Statistisches Bundesamt. Wiesbaden 2014. Personal des öffentlichen Dienstes. Jährlicher Personalstandsbericht Juni 2014

Der größte Anteil findet sich mit etwa 950.000 Beschäftigten an allgemeinbildenden und beruflichen Schulen. Der Bereich Hochschulen, Wissenschaft und Forschung, Hochschulkliniken umfasst etwa 460.000 Mitarbeiter. Mit sozialer Sicherung sind 760.000. Menschen befasst. Für öffentliche Sicher-heit und Ordnung einschließlich Rechtsschutz sind 620.000 Beschäftigte verantwortlich. In Politik und Verwaltung arbeiteten 430.000 Beschäftigte.

3.11.2 Die Branche im Ausblick

Die Personaleinsparungen der Vergangenheit führten zu weniger Neueinstellungen von jungen Mitarbeitern. Damit veränderte sich die Altersstruktur: Das Durchschnittsalter stieg ebenso an wie der Anteil der über 60-Jährigen. Heute stehen die öffentlichen Arbeitgebern – wie private Branchen auch – im demografisch verschärften Wettbewerb um Nachwuchskräfte (der Hochschulen). Es gilt, hohe Abgangsraten der geburtenstarken Jahrgänge zu kompensieren.

Beschäftigte der öffentlichen Arbeitgeber (in Tausend)

Ebenen	Öffentliche Arbeitgeber				
	Öffentlicher Gesamthaushalt[1]			sonstige öffentliche Einrichtungen	insgesamt
Bundesbereich	458,0	434,4	23,5	240,4	698,4
Landesbereich	2.114,4	1.760,4	354,0	387,1	2.501,5
Kommunaler Bereich	1.220,7	1.090,3	130,4	950,2	2.170,9
Sozialversicherung[2]	378,6	363,7	14,8	24,5	403,1
Insgesamt	4.171,7	3.648,9	522,8	1 602,1	5.733,8

1 Entspricht institutionell dem Staatssektor der volkswirtschaftlichen Gesamtrechnungen
2 Einschließlich Bundesagentur für Arbeit
Quelle: Statistisches Bundesamt. Wiesbaden 2014. Personal des öffentlichen Dienstes. Jährlicher Personalstandsbericht Juni 2014

Wer in den Öffentlichen Dienst gehen will, kann zwischen dem einfachen, mittleren, gehobenen und höheren Dienst wählen. Dabei ist der höhere Dienst Absolventen eines Studiums etwa der Rechtswissenschaft oder der Wirtschafts- oder Sozialwissenschaften vorbehalten. Wirtschaftswissenschaftler haben vornehmlich die Aufgabe, die wirtschaftlichen Auswirkungen politischer Maßnahmen einzuschätzen.

Noch streben vornehmlich Juristen in den höheren Dienst, sechs von zehn Stellen besetzt ein Volljurist. Doch auch der Abschluss einer Fachhochschule kann den Weg in das Beamtentum ebnen. Dabei spielt die öffentliche Hand „Karten" aus, mit denen sie punkten will: Jobsicherheit, lebenslange Beschäftigung, auskömmliches Alter. Eine Studie des Beamtenbundes aus 2011 befragte junge Leute: 61 % konnten sich eine Laufbahn beim Staat vorstellen. Als wichtigsten Grund nannten 84 %: „Sicherheit des Arbeitsplatzes".

Der vermeintliche Nachteil eines geringeren Einkommens werde ausgeglichen durch nicht-monetäre Werte: Die Vereinbarkeit von Familie und Beruf, flexible Arbeitszeiten, Teilzeitmodelle. So stieg von 1991 bis 2013 der Anteil der Teilzeitbeschäftigten von 15,8 auf 32,2 %. Allein im Bereich Bildung, Wissenschaft, Kultur sind 41 % der Beschäftigen teilzeittätig. Neben dieser Flexibilisierung von Arbeit weisen öffentliche Arbeitgeber auf die hohe Frauenquote hin. Sie stieg von 1991 mit 47 auf 55,4 % in 2013. Tendenz steigend. Zu bedenken: Frauen nutzen eher als Männer Teilzeitmodelle – und Frauen sind in bestimmten Arbeitsbereichen überrepräsentiert. In Schulen sind 70 % der Beschäftigten weiblich. Dagegen dominieren Männer in Verteidigung, Verkehrs- und Nachrichtenwesen, Wirtschaftsunternehmen sowie Bundespolizei und Polizei. Hier haben Frauen nur einen Anteil von einem Viertel.

3.12 Pharma

„Wirtschaftswissenschaftler werden für die pharmazeutischen Unternehmen immer wichtiger."

Interview mit Dr. Norbert Gerbsch, stellvertretender Hauptgeschäftsführer, Bundesverband der Pharmazeutischen Industrie e.V., Berlin

Wie bewerten Sie den Arbeitsmarkt im Bereich Pharma aktuell?

Insgesamt recht gut. Die Pharmaindustrie ist ja stark innovationsgetrieben und daher immer in Bewegung. Das bringt natürlich auch Chancen mit sich, insbesondere für qualifizierte Fachkräfte. Die Arbeitsmarktzahlen in Deutschland sind schon seit Längerem weitgehend stabil, in den Jahren 2012 und 2013 waren über 110.000 Menschen in pharmazeutischen Unternehmen beschäftigt.

Und wie fällt Ihre Sicht auf den Arbeitsmarkt von morgen aus?

Da bin ich grundsätzlich optimistisch. Die pharmazeutische Industrie ist ja eine eher krisenfeste Branche. Arzneimittel werden zu allen Zeiten benötigt und man kann feststellen, dass der Bedarf an Gesundheitsleistungen wie Medikamenten weltweit steigt. Wir sind also wohl auch in Zukunft mit unserem Know-how und unseren Produkten gefragt. Unsere Trümpfe sind Innovation und Fortschritt. In der Pharmaindustrie wird langfristig investiert und dynamisch gearbeitet. Ständig wird an neuen Wirkstoffen und Therapieoptionen sowie besseren Produktionsmethoden geforscht. Dafür braucht man logischerweise kluge Köpfe.

Sucht man in der Branche denn auch Wirtschaftswissenschaftler?

Ja, sie werden für die pharmazeutischen Unternehmen sogar immer wichtiger. Es gibt bei uns nämlich immer mehr staatliche Regulierung, und das insbesondere im Bereich der Preisgestaltung. Hinzu kommt der sich verschärfende globale Wettbewerb, der die Hersteller dazu zwingt, Prozesse immer effizienter zu planen, sich bzgl. der Lieferketten, aber auch der Märkte, global aufzustellen, wirtschaftlicher zu arbeiten und trotzdem Innovationen voranzutreiben. Fachkräfte, die sich mit Betriebs- und Volkswirtschaft auskennen, sind hierbei neben Juristen von enormer Bedeutung.

Was sind spezielle Anforderungen an Wirtschaftswissenschaftler?

Wer Karriere in der Pharmaindustrie machen möchte, sollte neben sozialen Kompetenzen und Teamfähigkeit den klaren Wunsch haben, den Gesundheitssektor aktiv mitzugestalten. Außerdem sollten auch Bewerber mit wirtschaftswissenschaftlichem Hintergrund über medizinische, chemische und pharmazeutische Grundkenntnisse verfügen. Wichtig ist außerdem ein guter Hochschulabschluss, für manche Tätigkeitsfelder zusätzlich eine Promotion. Da der Außenhandel für die Pharmaindustrie eine große Rolle spielt, sind gute Englischkenntnisse erforderlich, nicht zuletzt auch weil es die internationale Wirtschafts- und Wissenschaftssprache ist. Als Einstieg in die Branche empfiehlt sich zunächst ein studienbegleitendes Praktikum oder ein Trainee-Programm, bei dem verschiedene Bereiche durchlaufen werden. Neben diesen allgemeinen Anforderungen wird die Gesundheitsökonomie mit ihrem speziellen Methodenspektrum für die Erschließung und Entwicklung pharmazeutischer Märkte immer wichtiger – und das nicht nur in Deutschland.

3.12.1 Die Branche in Zahlen

Nach Angaben des Branchenberichtes „Pharma-Daten 2014" vom Bundesverband der Pharmazeutischen Industrie (BPI) waren 2014 in diesem Industriesegment 817 pharmazeutische Unternehmen sowie 570 Biotechnologie-Unternehmen registriert. Dazu gehören forschende Unternehmen, Unternehmen aus den Segmenten Generika, Biotechnologie, pflanzliche Arzneimittel, Homöopathie/Anthroposophie sowie Pharma-Dienstleister.

Bei den pharmazeutischen Unternehmen handelt es sich sowohl um mittelständische und eigentümergeführte Unternehmen als auch um deutsche Niederlassungen multinationaler Konzerne.

Nach Angaben von BPI und Statistischem Bundesamt zeichnet sich die Branche 2014 durch eine kegelförmige Struktur aus, bei der kleine und mittelständische Unternehmen dominieren: Lediglich 7,3 % der Unternehmen beschäftigen 500 und mehr Mitarbeiter, 19,4 % haben 100 bis 499 und damit das Gros (73,3 %) unter 100 Beschäftigte. Hinzu kommen noch 311 Unternehmen mit weniger als 20 Beschäftigten. Nach wie vor gilt somit, dass fast 93 % der Arzneimittel herstellenden Unternehmen in Deutschland weniger als 500 Mitarbeiter beschäftigen. So waren 2013 insgesamt 110.036 Personen in Betrieben beschäftigt, die pharmazeutische Erzeugnisse herstellen. Die Beschäftigtenzahl aus dem Vorjahr 2012 wurde damit gehalten (111.006) und gegenüber 2011 leicht erhöht (105.435.). Damit ist Deutschland der größte Pharmastandort Europas. Fast jeder sechste Pharmabeschäftigte Europas arbeitet in Deutschland. In Frankreich sind es etwa 16, in Großbritannien etwa 10 %.

Die Pharmaindustrie in Deutschland

Pharmazeutische Unternehmen	817 (laut Unternehmensregister)
Biotechnologie-Unternehmen	570
Pharmaproduktion	29,0 Mrd. Euro (+ 4,8 % gegenüber 2012)
Exporte Pharmazeutika	57,1 Mrd. Euro (+ 5,4 % gegenüber 2012)
	Hauptabnehmer:
	USA: 8,5 Mrd. Euro
	Niederlande: 6,5 Mrd. Euro
	Großbritannien: 5,1 Mrd. Euro
	Schweiz: 3,7 Mrd. Euro
Beschäftigte	110.036
Anteil interne F&E-Aufwendungen am Umsatz 2012	13,2 % (Platz 1 in Deutschland)

Quelle: BPI, Pharma-Daten 2014 kompakt

Die Beschäftigung spiegelt die Gesamtsituation der Beschäftigung des letzten Jahres in Deutschland wider und zeigt eine durchaus mittelständisch geprägte Beschäftigungsstruktur. Aber: Das Marktforschungsunternehmen IMS Health betrachtet die Umsatzverteilung 2014 und zeigt: Zehn Konzerne vereinen 43 % des Gesamtmarktes (Apotheke und Krankenhaus) sowie 42 % des Apothekenmarktes auf sich. Insgesamt stellte die pharmazeutische Industrie in Deutschland 2013 pharmazeutische Erzeugnisse im Wert von 29,01 Mrd. Euro her. Die Produktion wuchs damit um 4,8 % gegenüber 2012). Davon gingen

Produkte für 57,1 Mrd. Euro in den Export (+5,4 % gegenüber 2012). So stammen etwa 16 % der Pharmaprodukte der EU aus Deutschland. Deutschland ist nach der Schweiz der zweitgrößte Pharmaproduzent Europas.

Rang nach Umsatz (1)	Im Gesamtmarkt	Apotheken und Kliniken
1	NOVARTIS (CH)	NOVARTIS (CH)
2	ROCHE (CH)	PFIZER (US)
3	PFIZER (US)	TEVA (IL)
4	SANOFI (F)	SANOFI (F)
5	TEVA (IL)	BAYER (D)
6	BAYER (D)	ROCHE (CH)
7	MERCK & CO (US)	MERCK & CO (US)
8	JOHNSON & JOHNSON (US)	JOHNSON & JOHNSON (US)
9	GLAXOSMITHKLINE (GB)	STADA (D)
10	STADA (D)	GLAXOSMITHKLINE (GB)

(1) Quelle: IMS HEALTH, 2014

3.12.2. Ausblick

Die Branche sieht weiter eine gute Konjunktur- und Beschäftigungslage, die die allgemeine Entwicklung des Arbeitsmarktes widerspiegelt. Die künftige Entwicklung stehe jedoch unter branchenspezifischen arzneimittelpolitischen Vorzeichen wie Kostendämpfungsmaßnahmen, Preismoratorium oder Zwangsabschlag. Forschung und Entwicklung sowie optimierte Versorgung erforderten jedoch „forschungsfreundliche Rahmenbedingungen sowie eine stabile Finanzierung – sprich Planungssicherheit", so der BPI.

Für 2014 rechnet die Branche wieder mit höheren Umsatzerlösen. Dabei stiegen zwar die Umsätze der Generikahersteller stärker als die der Originalhersteller. Dieses Wachstum steht offenbar vor Grenzen. Besondere Bedeutung haben dagegen Biopharmazeutika, so IMS Health. Sie machen bereits 23 % der Ausgaben der Gesetzlichen Krankenversicherung (GKV) aus. Zusätzliches Wachstum sei in den „Pharmerging Markets" wie China, Brasilien, Indien, Türkei und anderen Schwellenländern zu erwarten. Werden hier die (Kranken-) Versicherungssysteme ausgebaut, steigt auch die Nachfrage nach Arzneimitteln. Eine starke Auslandsnachfrage meldet der Verband der forschenden Arzneimittelhersteller (vfa).

3.13 Special Handel

Der Groß- und Einzelhandel ist das unersetzbare Scharnier zwischen Produzenten, verarbeitender Industrie, Einzelhändlern und Endkunden. Als eine der stärksten Wirtschaftszweige ist seine wirtschafts- und arbeitsmarktpolitische Bedeutung von großem Gewicht.

3.13.1 Die Branche im Überblick

Die Unternehmen des Großhandels stellen sicher, dass Rohstoffe und Halbfertigwaren ohne Zeitverzögerung weiterverarbeitet werden können. Dank ihrer Marktkenntnis tragen sie maßgeblich dazu bei, Angebot und Nachfrage optimal aufeinander abzustimmen. Mithilfe hoch entwickelter Logistiksysteme garantieren sie die passgenaue An- und Weiterlieferung sämtlicher Waren – Transport und Lagerungskosten werden minimiert. Kerngeschäft ist der Handel mit Produktions- und Konsumgütern sowie den dazu gehörenden Dienstleistungen: Großhändler des Produktionsverbindungshandels beliefern ihre Kunden mit allen für die industrielle Produktion notwendigen Rohstoffen, Materialien und Halbfertigwaren und sorgen dabei für einen reibungslosen Ablauf. Baunahe Großhändler versorgen Bauhandwerk und Bauwirtschaft mit sämtlichen Materialien für den privaten, gewerblichen und öffentlichen Bau. Konsumgütergroßhändler beliefern den Einzelhandel, Apotheken, Gastronomie und Hotellerie mit Waren und sind damit die entscheidende Schnittstelle zum privaten Verbraucher.

Aufgaben von Großhändlern als wirtschaftliches Bindeglied

- Bündeln von Produktsortimenten unterschiedlicher Hersteller
- Verteilen der Waren von Produzenten und Importeuren an eine Vielzahl von Abnehmern
- Transport von Waren und dabei anfallende Aufgaben vom Schutz der Produkte bis hin zur Erfüllung von Zollvorschriften
- Beschaffung, Lagerhaltung und Absatz von Waren weltweit
- Finanzieren von Handelsgeschäften durch Lieferantenkredite
- Weitergabe von Produkt- und Marktkenntnisse an die Kunden
- Unterstützen von Kunden in der Beschaffungs- und Sortimentspolitik, bei standort-, transport- oder lagerpolitischen Entscheidungen und in der Absatzpolitik
- Durchführen von Marktanalysen und Entwickeln von Marketingkonzepten sowie von Werbung, Anzeigenschaltung oder Messeorganisation für Kunden
- Entwickeln von neuen Logistikdienstleistungen und innovativen IT-Lösungen
- Anbieten von begleitenden Dienstleistungen wie Personalschulungen, Wartung und Installation von Maschinen
- Einführen neuer Waren auf dem deutschen Markt und Einflussnahme auf die Gestaltung von Produkten

Quelle: Bundesverband Großhandel, Außenhandel, Dienstleistungen (BGA) e. V.

Mit einem jährlichen Umsatz von knapp 1,134 Mrd. Euro im Jahr 2014 ist der Großhandel in Deutschland der zweitstärkste Wirtschaftszweig nach der Industrie. Die zumeist mittelständischen Unternehmen beschäftigen hierzulande mehrere hunderttausend Arbeitnehmer. Zu den größten Herausforderungen für die Branche zählen gegenwärtig zunehmender Wettbewerb, neue Innovationen im Bereich der Informations- und Kommunikationstechnologien sowie der fortschreitende Strukturwandel hin zur Dienstleistungsgesellschaft. Die Großhändler nehmen die Herausforderungen aktiv an und nutzen damit einhergehende neue Wachstumschancen.

Der Einzelhandel ist mit 400.000 Unternehmen und einem Umsatz von rund gut 450 Mrd. Euro die drittgrößte Wirtschaftsbranche nach Industrie und Handwerk und zeichnet sich durch seine Schnittstellenfunktion zum Verbraucher aus. Der Einzelhandel ist die wichtigste Kraft der Binnenwirtschaft. Wer den Handel stärkt, sorgt für Beschäftigung, unterstützt die lokalen Wirtschaftsstrukturen und erhöht die Attraktivität der Städte und Gemeinden. 2014 zeigte sich die exportorientierte deutsche Wirtschaft vor allem gegenüber einer schwachen Entwicklung in der Eurozone und angesichts von Krisen im Ausland anfällig. Die Gesamtwirtschaft verlor zum Herbst hin an Schwung. Die Binnenwirtschaft erwies sich in dieser Situation als wichtige und verlässliche Stütze. Eine hohe Erwerbstätigkeit, Lohnsteigerungen, niedrige Inflation und günstige Zinsen trieben den Konsum. Eine in den letzten Jahren kontinuierlich gesunkene Sparquote stützte diese Entwicklung weiter.

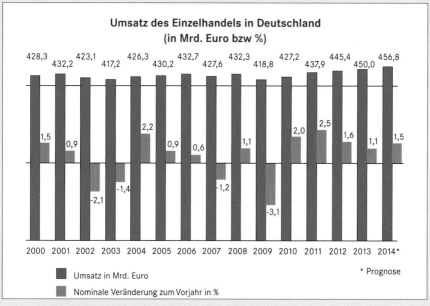

Umsatz des Einzelhandels in Deutschland (in Mrd. Euro bzw %)

* Prognose

■ Umsatz in Mrd. Euro
■ Nominale Veränderung zum Vorjahr in %

Quelle: Statistisches Bundesamt; HDE-Berechnungen auf neuer Umsatzbasis

Die Rahmenbedingungen für den Einzelhandel sind 2014 weitgehend intakt. Gesamtwirtschaftliche Risiken schlagen bisher noch nicht durch. Auch die Situation am Arbeitsmarkt ist günstig. Dies sind wichtige Voraussetzungen für eine gute Verbraucherstimmung in Deutschland. Der Einzelhandel kann sich vor diesem Hintergrund gut behaupten. Im Jahr 2014 erzielte er einen Gesamtumsatz von 459,3 Mrd. Euro und lag damit um nominal 1,9 % (+8,4 Mrd. Euro) über dem Vorjahresergebnis. Impulse kamen vor allem aus dem Bereich der persönlichen Ausstattung wie Kosmetik, Körperpflege, Bekleidung und Schuhe, aber auch aus freizeitorientierten Bereichen wie dem Einzelhandel mit Fahrrädern sowie Sport- und Campingartikeln. Daneben erwies sich auch die Entwicklung im Lebensmitteleinzelhandel als robust.

Das Umsatzplus resultiert nicht zuletzt aus der positiven Entwicklung des Online-Handels. Im Einzelhandel insgesamt liegt der Online-Anteil bei rund 9 %, im Non-Food-Bereich jedoch bereits bei etwa 18 %. Die Entwicklung verläuft hier dynamisch vor dem Hintergrund eines insgesamt nur schwach wachsenden Marktes. Folge sind in vielen Bereichen Umsatzverluste des stationären Handels. Die Gewichte verschieben sich zugunsten des Vertriebsweges Internet. Dies wirkt sich auf immer mehr Händler aus.

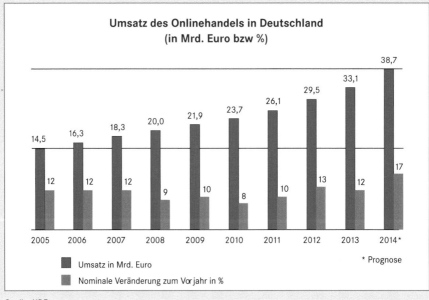

Umsatz des Onlinehandels in Deutschland (in Mrd. Euro bzw %)

- ■ Umsatz in Mrd. Euro
- ■ Nominale Veränderung zum Vorjahr in %

* Prognose

Quelle: HDE

Der HDE erwartet für 2015 das sechste Jahr in Folge ein leichtes Umsatzwachstum im deutschen Einzelhandel, so HDE-Hauptgeschäftsführer Stefan Genth. Insgesamt prognostiziert der Verband für das laufende Jahr einen Umsatz von 466,2 Mrd. Euro. Das entspricht einem Plus von 1,5 % im Vorjahresvergleich. Wachstumstreiber bleibt auch in diesem Jahr der Online-Handel mit einem Zuwachs um 12 % auf dann 43,6 Mrd. Euro. „Die zunehmende Digitalisierung treibt den Strukturwandel im Handel weiter voran. Zwischen den Vertriebskanälen Online, Offline und Multichannel brauchen wir faire Wettbewerbsbedingungen. Hier ist die Politik gefordert", sagte Genth auf der Jahrespressekonferenz des HDE Anfang des Jahres 2015.

Die Mehrzahl der stationären Unternehmen berichtet bereits von rückläufigen Besucherzahlen. Diese Frequenzverluste treffen vor allem den Fachhandel und die zentralen Innenstadtlagen aller Stadtgrößen. Denn deren Geschäftsmodell ist auf hohe Besucherzahlen ausgerichtet. Die Digitalisierung verändert auch das Einkaufsverhalten der Kunden nachhaltig. So informieren sich viele Kunden vor dem Einkaufen im Geschäft zunächst im Internet oder umgekehrt. Vor allem die junge Generation wächst mit der Selbstverständlichkeit auf, zu jeder Zeit und an jedem Ort der Welt einzukaufen. Schon heute können sich rund 27 % der sogenannten Smart Natives zwischen 16 und 25 Jahren Online-Shops als Ersatz für stationäre Geschäfte vorstellen. „Weitermachen wie bisher funktioniert nicht. Service, Beratung, Erlebnis – das sind traditionell die Stärken, mit denen der stationäre Handel punkten kann. Einkaufen muss ein Erlebnis sein!", fordert der HDE-Hauptgeschäftsführer

3.13.2 Der Handel als Arbeitgeber

Der Handel ist einer der größten Arbeitgeber. Derzeit sind in Deutschland allein im Einzelhandel etwa 3 Mio. Mitarbeiter angestellt und arbeiten dort im Verkauf, in der Logistik oder in der Verwaltung. Damit sichert der Handel jeden zwölften deutschen Arbeitsplatz. Dazu kommen noch 1,4 Mio. Mitarbeiter bei Dienstleistern und Lieferanten im Umfeld der Handelsunternehmen. Und auch in Zukunft wird der Einzelhandel ein wichtiger Arbeitgeber bleiben: Die Branche bildet 160.000 junge Menschen in mehr als 30 Berufen aus, um auch in den nächsten Jahrzehnten gut qualifiziertes Personal zur Versorgung der über 80 Mio. Bundesbürger zur Verfügung zu haben. Die Ausbildungsquote liegt damit über dem gesamtwirtschaftlichen Durchschnitt. Eine Ausbildung im Handel bietet den jungen Menschen hervorragende Perspektiven, in der Branche ist die Karriere mit Lehre der Normalfall.

Die Struktur des Groß- und Einzelhandels ist geprägt durch mittelständische Unternehmen. Nur etwa 1 % der Einzelhandelsunternehmen hat mehr als 100 Beschäftigte, 9 % bewegen sich in einer Größenordnung von 20 bis 99 Beschäftigten und 90 % der Einzelhandelsunternehmen haben weniger als 20 Beschäftigte. Die Arbeitszeiten im Einzelhandel werden bestimmt von den Ladenöffnungszeiten. So sind die Geschäfte im Regelfall an sechs Werktagen geöffnet. Die Arbeitszeitsysteme im Einzelhandel stellen jedoch im Regelfall sicher, dass Arbeitnehmern im Durchschnitt auch in einer Fünf-Tage-Woche tätig sind. Dies wird beispielsweise durch rollierende Arbeitszeitsysteme erreicht. Zwar sehen die Ladenöffnungsgesetze in den meisten Bundesländern auch die Möglichkeit einer Ladenöffnung während der Nachtzeit vor, doch die Unternehmen nutzen das nur in Ausnahmefällen. Für die Mitarbeiter in den Verkaufsstellen des Einzelhandels ist meistens um 18 Uhr, 19 Uhr oder 20 Uhr Arbeitsschluss. Anders als im industriellen Bereich gibt es daher im Regelfall weder (diskontinuierliche) Nachtschichtarbeit noch Sonntagsarbeit

Der Handel ist auf eine Vielzahl von gut ausgebildeten Fach- und Führungskräften angewiesen, denn entlang der Wertschöpfungskette des Handels müssen unabhängig von Betriebs- und Vertriebsform sowie Größe des Unternehmens alle Geschäfts- und Arbeitsprozesse optimal gesteuert, verzahnt und umgesetzt werden. Neue Vertriebskonzepte und -strategien sind zu erproben und zu entwickeln. Die Verzahnung von stationärem und Online-Handel muss vorangetrieben werden. Kompetenz- und Verbesserungsmanagement in allen Bereichen und auf allen Qualifikationsebenen sind dabei in höchstem Maße gefordert. Gute Aus- und Weiterbildungsaktivitäten werden daher immer mehr zu einem positiven Wettbewerbsfaktor. Aktuell setzt der Handel deshalb vor allem auf folgende Punkte:

- Er will mehr Hochschulabsolventen für den Handel gewinnen
- Es soll mehr für die berufliche Aufstiegsfortbildung getan, vielfältige Laufbahn- und Karrieremodelle sollen realisiert werden
- Die Qualität von unternehmerischen Aus- und Weiterbildungsaktivitäten soll hoch gehalten bzw. gestärkt werden
- Die Attraktivität und Chancen des Einzelhandels im Bereich Beschäftigung und Qualifizierung sollen noch deutlicher gemacht werden

Die zehn größten Lebensmittelhandelsunternehmen Deutschlands (2014)

Rang	Unternehmen	Brutto-Umsatz 2014 in Mio. Euro	Veränderungen zu 2013 (in %)	Anteil Food* (in %)
1	Edeka, Hamburg	51.850	+2,0	90,6
2	Rewe, Köln	37.999	+2,4	72,5
3	Schwarz, Neckarsulm	34.060	+2,5	81,2
4	Metro, Düsseldorf	29.718	-0,3	36,5
5	Aldi, Essen/Mühlheim	27.505	+1,3	82,0
6	Lekkerland, Frechen	8.790	+4,0	99,9
7	Tengelmann, Mühlheim	7.515	+2,2	26,3
8	dm, Karlsruhe	6.400	+9,6	90,0
9	Rossmann, Burgwedel	5.407	+7,6	90,0
10	Globus, St. Wendel	4.731	+3,0	67,0

* Inkl. Near-Food wie Wasch-, Putz- und Reinigungsmittel, Hygiene- und Körperpflegemittel
Quelle: Trade Dimensions März 2015

Mit seinem abgestimmten System der aufeinander aufbauenden Ausbildungs- und Fortbildungsberufe ist der Handel bereits sehr gut aufgestellt. Der Handelsverband Deutschland (HDE) arbeitet gemeinsam mit Unternehmen, Bildungseinrichtungen und Verbänden intensiv an der laufenden Modernisierung der handelsbezogenen Aus- und Fortbildung. Seit

Jahrzehnten praktiziert der Einzelhandel sehr erfolgreich und mit steigenden Teilnehmer-zahlen die unmittelbare Kombination von beruflicher Ausbildung mit beruflicher Aufstiegs-fortbildung. In den sogenannten Abiturientenmodellen werden die Abschlussprüfung im Ausbildungsberuf Kaufmann/Kauffrau, zumeist auch noch die Ausbildereignungsprüfung (AEVO) sowie die Fortbildungsprüfung Handelsfachwirt oder Handelsassistent-Einzelhan-del erworben. Die zumeist dreijährigen Qualifizierungswege werden gemeinsam von Han-delsunternehmen und Bildungseinrichtungen des Einzelhandels organisiert und durchge-führt. Die Absolventen haben sehr gute Chancen, rasch die erste Führungsposition auf der Ebene des Filial- oder Abteilungsleiters übernehmen zu können. Etwa 5.000 junge Menschen nehmen derzeit an diesem erfolgreichen Qualifizierungsweg teil.

Wenn man nur den stationären Umsatz betrachtet, gibt es folgendes Ranking der Einzel-handelsunternehmen:

Die Top Ten im stationären Einzelhandel
Stationärer Nettoumsatz in Deutschland 2013 (in Mrd. Euro)

EDEKA	22,3
LIDL	16,5
ALDI	13,8
REWE	13,7
Kaufland	13,0
Netto Marken-Discount	11,5
ALDI	10,0
real,-	7,7
PENNY.	6,9
Media Markt	6,1

Quelle: Statista - Stationärer Einzelhandel Deutschland 2014

statista

3.13.3 Einstieg für Absolventen

Eine Karriere im Handel ist nichts für Zartbesaitete: Der Jobeinstieg ist hart, Hochschulab-solventen müssen oft wie jeder andere Einsteiger ganz unten anfangen und das Geschäft von der Pike auf lernen – mit allem, was dazugehört. Belohnt wird der Einsatz mit sehr guten Entwicklungs- und Aufstiegschancen. Die großen Handelsunternehmen versuchen aktuell verstärkt, junge Akademiker für eine Karriere im Einzelhandel zu begeistern. Der

Branche fehlt es an Führungsnachwuchs. Einen Grund: Im Handel mangelt es an qualifizierten Azubis, die später das Zeug zur Führungskraft haben. Deshalb ist eine Akademisierung unausbleiblich. Doch ist für die meisten Hochschulabsolventen der Lebensmittel-Einzelhandel nicht die erste Wahl. Die Branche kämpft mit gewaltigen Imageproblemen. Bei Real, Edeka, Aldi und Co. zu arbeiten, erscheint vielen Jobeinsteigern weit weniger glamourös als der Einstieg bei einem der großen Markenhersteller. Absolventen erwartet die harte Schule der Filiale, damit sie ein Gefühl für das Gesamtunternehmen bekommen und wissen, wie Handel tatsächlich funktioniert. In dieser Beziehung ähneln sich viele Einsteiger- und Traineeprogramme. Wer es dennoch wagt, kann nicht selten schnell Führungsverantwortung übernehmen und gut verdienen.

Ob die Absolventen sich nach dem Studium für den Direkteinstieg oder ein Trainee-Programm entscheiden, hängt von den eigenen Präferenzen und Zielen ab – und natürlich vom Arbeitgeber. Als Faustregel gilt: Wer gerne schnell Verantwortung für eigene Projekte übernehmen und praktisch arbeiten möchte, wird sich als Direkteinsteiger wohlfühlen. Wer ein thematisch eher breit gefächertes Studium hinter sich hat und sich für mehrere Unternehmensbereiche interessiert, liegt mit einem Trainee-Programm genau richtig. Auf Direkteinsteiger wartet eine bestimmte Position innerhalb eines Teams. Häufig handelt es sich um Jobs in der Zentrale des Unternehmens. Aufgaben und Verantwortungsbereich sind von Anfang an klar umrissen, und nach einer kurzen Einarbeitungsphase bekommen die Einsteiger eigene Projekte. Der Direkteinstieg eignet sich deshalb gut, um schnell Expertenwissen für eine bestimmte Funktion zu erlangen. Trainee-Programme sind die erste Stufe zu einer verantwortungsvollen und gut dotierten Führungsposition. Sie verschaffen früh eine Orientierung im gesamten Unternehmen, beginnen im Handel jedoch wie erwähnt meist im Verkaufsraum. Denn wer später Personal führen soll, weiß erst nach dieser Erfahrung, wovon er spricht. Anschließend geht es weiter in andere Filialen oder Bereiche. Ob eine Station im Einkauf, Marketing oder E-Commerce folgt, hängt von der Zielposition ab. Folgende Einsatzfelder bieten sich im Handel an:

- Category Management
- Consulting
- Controlling
- Einkauf
- Filialleitung
- Immobilienmanagement
- Logistik
- Marktforschung
- Produktmanagement
- Produktmarketing
- Touristik
- Vertrieb

Beispiel Peek & Cloppenburg: Der Modehändler bietet ein studienbegleitendes Junior Trainee Programm an, in das man ab dem dritten Semester jederzeit einsteigen kann.

Zunächst muss man sich als studentische Aushilfe im Verkauf bewähren, bevor man bei Eignung in das Programm aufgenommen wird. Danach gibt es Seminarphasen an der unternehmenseigenen Akademie und Praxisphasen neben dem Studium. Dabei verdient man 9,50 Euro die Stunde und kann das Studium finanzieren. Nach Studienabschluss steigt man zunächst als Abteilungsleiter oder Merchandise Controller ein. Danach ist eine Weiterentwicklung im Verkauf zum Storemanager, Geschäftsleiter oder im Einkauf als Retail Buyer möglich. Absolventen können entweder in das Fashion-Management-Programm mit einer Dauer von acht Monaten zur Vorbereitung auf eine Karriere im Verkauf einsteigen oder in das General-Management-Programm, in dem es um den Start als Associate Manager geht mit Verantwortung z. B. in den Bereichen Controlling, Finanzen, Marketing, Human Resources oder in der Strategie- und Projektorganisation.

⊠ Web-Link
http://karriere.peek-cloppenburg.de/home/

Beispiel IKEA: Der Möbelhändler mit 315 Einrichtungshäusern in 27 Ländern bietet für Absolventen zwei Einstiegsmöglichkeiten: Entweder steigt man direkt ins Berufsleben ein, eingearbeitet und begleitet durch ein „Training on the job". Gestartet wird als Teamassistent oder als Teamleiter mit Personalverantwortung. Ein Direkteinstieg ist in den Bereichen Verkauf, Kundenservice, Kommunikation & Einrichtung, lokales Marketing, IKEA-Food, Logistik und Personalmanagement möglich. Oder man schließt direkt ans Studium eine Ausbildung zum Handelsfachwirt an. Dabei lernt man drei IKEA-Einrichtungshäuser kennen und hat die Chance auf drei IHK-Abschlüsse.

⊠ Web-Link
www.ikea.com

Beispiel Rewe: Die Lebensmittel-Kette, zu der auch Penny gehört, bietet neben den beiden dreijährigen dualen Bachelor-Studiengängen Warenwirtschaft & Logistik sowie Warenwirtschaft & Handel für Absolventen Trainee-Programme der Fachrichtungen Vertrieb (z. B. mit dem Ziel Bezirksmanager), Verwaltung (z. B. Category Management/Einkauf, Vertrieb, Expansion, Marketing, Controlling, Personalwesen etc.) und Logistik.

Das Programm dauert 18 Monate und sieht für alle Trainees vier Phasen vor: Markt, Zentrale, Region, angestrebter Zielbereich. Das Anforderungsprofil ist anspruchsvoll:

- Überdurchschnittlich abgeschlossenes (Fach-)Hochschulstudium
- Erste relevante praktische Erfahrungen durch Praktika
- Einsatz- und Lernbereitschaft
- Affinität zum Handel
- Zielstrebigkeit, Ausdauer und Belastbarkeit
- Selbstständigkeit und Eigeninitiative
- Kunden- und Serviceorientierung
- Spaß an Teamarbeit
- Reisebereitschaft

- Außeruniversitäres/soziales Engagement

>< Web-Link
https://karriere.rewe.de/

Beispiel Saturn: Mit mehr als 220 Märkten in sechs Ländern gehört das Unternehmen zu den führenden Akteuren im Europäischen Elektronikfachhandel. Es bietet drei duale betriebswirtschaftliche Bachelor-Studiengänge der Fachrichtungen Einkauf, Vertrieb und Internationales Handelsmanagement. Absolventen mit einschlägigen Handelserfahrungen können in ein zwölfmonatiges Trainee-Programm einsteigen. Welche Abteilungen durchlaufen werden, wird individuell vereinbart. Gelernt wird u. a.:

- Arbeitsorganisation bei Saturn von der Bestellung bis zum Verkauf
- Spezielle Arbeitsabläufe in mindestens zwei individuell abgesprochenen Abteilungen
- Abteilungssteuerung
- Steuerung von Werbemaßnahmen
- Teamführung
- Mitarbeitergespräche
- Zielvereinbarungen
- Personalentwicklung
- Zeitplanung
- Selbstorganisation

Nach dem Trainee-Programm winken die Perspektiven Verkaufsleiter, Gesamtverkaufsleiter und – mit viel Engagement – Geschäftsführer.

>< Web-Link
http://www.saturn.de/mcs/shop/neu-karriere-bei-saturn.html

3.13.4 Einkommen

Absolventen können im Handel im Schnitt mit einem Einstiegsgehalt von 35.500 Euro rechnen, ermittelte die Vergütungsberatung Personalmarkt im Jahr 2014. Allerdings hat sich die Schere zwischen hohen und niedrigen Einkommen weiter geöffnet. Während ein Viertel der Gehaltsempfänger mehr erwarten kann als im Vorjahr (41.600 Euro oder mehr), verdienen die unteren 25 % nicht mehr als 28.400 Euro (nach 29.900 Euro im Vorjahr). Das Gehalt hängt stark davon ab, in welcher Abteilung der Einstieg erfolgt. Am meisten lohnt sich eine Tätigkeit im Finance und Controlling (42.000 Euro). Es folgen Einsteiger in der Logistik (40.900 Euro) und im Produktmanagement (40.300 Euro). Der Vertrieb fällt mit gut 32.000 Euro etwas ab. Verringert hat sich mit 3.700 Euro der Gehalts-Abstand zwischen Master- und Bachelor-Abschlüssen. Was die Fachrichtungen betrifft, sind Informatiker die Spitzenverdiener (41.600 Euro). Platz 2 belegen die Ingenieure mit 37.700 Euro, die Wirtschaftswissenschaftler folgen mit 36.500 Euro. Je größer der Betrieb, desto höher ist das Einstiegsgehalt. Die Differenzen können im fünfstelligen Bereich liegen. Regionale Unterschiede fallen ebenfalls ins Gewicht. Je weiter der Blick nach Süden und nach Westen geht, umso besser sind die Gehaltsaussichten.

So viel kann in verschiedenen Bereichen des Handels im Mittel verdient werden

Position	Jahres-Einkommen in Euro
Finance/Controlling	41.971
Logistik/Warenwirtschaft	40.861
Produktmanagement	40.311
Einkauf	39.000
Marketing	37.869
Vertrieb	32.325

Quelle: Personalmarkt, Stand: 2014

So viel verdienen Absolventen unterschiedlicher Studienrichtungen im Mittel

Abschluss	Jahres-Einkommen in Euro
Informatik	41.585
Ingenieurwissenschaften	37.688
Wirtschaftswissenschaften	36.463
Gesellschaftswissenschaften	31.085
Sprach- und Kulturwissenschaften	28.528

Quelle: Personalmarkt, Stand: 2014

3.14 Textil- und Modeindustrie

„Textilarbeitsmarkt – vor allem international und technikorientiert"

Interview mit Dr. Hartmut Spiesecke, Leiter der Presse- und Öffentlichkeitsarbeit des Gesamtverbandes der deutschen Textil- und Modeindustrie, Berlin

Wie wirkt sich der Boom der Wirtschaft generell auf Ihre Branche aus?

Der Umsatz der deutschen Textil- und Modeindustrie stieg 2014 mit 2,1 % noch stärker als das Bruttoinlandsprodukt der Bundesrepublik Deutschland. Schon daran ist erkennbar, dass die Branche sehr erfolgreich am Markt agiert. Im Segment technischer Textilien sind deutsche Unternehmen Weltmarktführer. Der Export deutscher Textil- und Modeunternehmen stieg 2014 auf insgesamt 25 Mrd. Euro.

Die deutsche Textil- und Modeindustrie ist außergewöhnlich exportstark. Das basiert auf einem hohen Internationalisierungsgrad, der die Fertigung einschließt. In Deutschland beschäftigt die deutsche Branche (einschließlich der Schuh- und Lederwarenindustrie) etwa 130.000 Personen. Dieser Trend war in den vergangenen Jahren nahezu stabil mit leicht rückläufiger Tendenz. Mehr als doppelt so viele Angestellte sind für deutsche Unternehmen sowohl im europäischen als auch im außereuropäischen Ausland tätig. Dies betrifft sowohl die Modeindustrie als auch die Hersteller technischer Textilien und Vliesstoffe.

Wie sieht der Arbeitsmarkt 2015/2016 für Wirtschaftswissenschaftler in der Textil-Branche aus?

Vor allem international und technikorientiert. Die deutsche Textil- und Modeindustrie hat Kunden und Geschäftspartner in aller Welt. Hierin liegt für viele junge Akademiker ein großer Reiz. Globale Lieferketten müssen organisiert und immer wieder überprüft werden. Deutsche Produkte genießen weltweit einen hervorragenden Ruf, der in ihrer Qualität und Innovationskraft begründet liegt. Darin steckt viel forschungsnahes Know-how, das in marktgängige Produkte einfließt. Wer darauf Lust hat, ist bei uns richtig.

Was sind spezielle Anforderungen an Wirtschaftswissenschaftler: mit Abschluss Bachelor, mit Abschluss Master? Was hat sich in den vergangen Jahren verändert?

Spezielle Branchenkompetenzen werden von Wirtschaftswissenschaftlern in unserer Branche nicht selten on-the-job erworben. Unsere Unternehmen suchen regelmäßig Wirtschaftswissenschaftler verschiedener Abschlussniveaus, die sich dann in die firmenspezifischen Anforderungen einzuarbeiten haben.

Internationalisierung und Technisierung haben in den letzten Jahren weiter zugenommen. Gesucht werden also Personen, die selbstverständlich Fremdsprachen verhandlungssicher beherrschen. Kenntnisse im Umgang mit technischen Prozessen sind auch in unserer Industrie sicher von Vorteil. Die hohe Innovationskraft unserer Branche beruht auf einer großen Nähe zur industriellen Gemeinschaftsforschung, die den technologischen Vorsprung der Unternehmen ermöglicht. Die schnelle Entwicklung innovativer Ideen und die schnelle Umsetzung in marktgängige Produkte sind eine Stärke, die wir weiter ausbauen werden.

3.14.1 Die Branche in Zahlen

Die deutsche Textil- und Bekleidungsindustrie ist die zweitgrößte Konsumgüterbranche Deutschlands. Etwa 1.400 Unternehmen erwirtschafteten 2014 einen Umsatz von insgesamt rund 31 Mrd. Euro. Sie hat nach Angaben des Gesamtverbands der deutschen Textil- und Modeindustrie mehr als 130.000 Beschäftigte im Inland. Hinzu kommen mehrere hunderttausend direkt Beschäftigte im Ausland. Hierbei ist zu beachten, dass deutsche Unternehmen der Bekleidungsindustrie im Ausland häufig nicht Arbeitgeber mit eigenen Fabriken, sondern Auftraggeber lokaler Unternehmen in Produktionsländern sind. Deren Beschäftigte wurden in dieser Statistik nicht berücksichtigt.

Erstmals integriert sind die Daten des Bundesverbandes der Schuh- und Lederwarenindustrie, der seit Januar 2015 Mitglied im Gesamtverband textil+mode ist.

Entwicklung der deutschen Textil- und Bekleidungsindustrie (in Mio. Euro)

	2000	2009	2010	2011	2012	2013	Veränderung zu Vorjahr in % 2012/2013
Umsatz	26.409,4	14.630,5	16.101,7	17.171,4	16.953,5	16.744,5	-1,2
Produktion	16.375,2	9.958,6	11.057,1	11.809,3	11.121,6	11.074,5	-0,4
Einfuhren	31.730,1	30.050,6	32.756,3	37.627,2	35.764,8	36.571,3	2,3
Ausfuhren	18.943,2	20.624,6	22.165,7	24.577,3	23.986,7	24.217,1	1,0
Einfuhrüberschuss	12.786,9	9.426,0	10.590,6	13.049,9	11.778,1	12.354,2	4,9
Beschäftigte (Anzahl)	185.195	83.197	80.985	81.683	81.565	79.934	-2,0

Quelle: Bundesministerium für Wirtschaft und Industrie. Branchenfokus

Heute werden weniger als 5 % der im Inland verkauften Bekleidung in Deutschland produziert. Motor dieser Entwicklung sind auch die internationalen Handelsketten, die häufig selbst in Produktionsstaaten in Südostasien produzieren lassen und dem Bekleidungseinzelhandel Marktanteile abgenommen haben. Die konventionellen Modehändler profitierten 2014 nicht vom guten Konsumklima. Der Textileinzelhandel in Deutschland verlor etwa 2 % Umsatz.

Aktuelle Eckdaten

	Textil		Bekleidung		Textil + Bekleidung	
Beschäftigte						
Oktober 2014	51.409	–2,6 %	26.918	–2,7 %	78.327	–2,7 %
Januar–Oktober 2014	51.326	–3,1 %	27.012	–2,6 %	78.338	–2,9 %
Unternehmen ab 1 Beschäftigter (Hochrechnung)	75.570		39.780		115.350	
Umsatz in Mio. Euro (unbereinigt)						
Oktober 2014	934	1,3 %	609	11,5 %	1.544	5,0 %
Januar–Oktober 2014	8.610	2,1 %	6.011	1,4 %	14.622	1,9 %
Unternehmen ab 1 Beschäftigter (Hochrechnung)	13.970		10.140		24.110	

Quelle: Gesamtverband textil + mode. Konjunkturbericht 12.2014

Der Exportstärke der deutschen Textil- und Modeindustrie ist es zu verdanken, dass die Umsätze mit Bekleidung und Textilien in 2014 erneut gewachsen sind. Starke Modemarken tragen hierzu ebenso bei wie technische Textilien. In diesem Segment ist Deutschland Weltmarktführer. Der Umsatz deutscher Produzenten mit technischen Textilien liegt bei ca. 13 Mrd. Euro im Jahr.

Dabei setzt sich ein Trend fort: Im Inland werden anspruchsvolle Textilien erzeugt. Stärkste Wachstumstreiber sind Textilien, die in Hightech-Produkten weiterverarbeitet werden und die mehr als die Hälfte des gesamten Branchenumsatzes ausmachen.

3.14.2 Ausblick

Obwohl sich Konsumklima und ifo-Geschäftsklima für das gesamte verarbeitende Gewerbe verbessern, können die Segmente Textil und Bekleidung an diesem Trend nicht gleichermaßen partizipieren. Das bedeutet für die Beschäftigung eine weitere Abnahme der Mitarbeiterzahl: Im Vergleich zum Vorjahr beschäftigt die Branche im Herbst 2014 -2,9 %

weniger Personen (Textil -3,1 %, Bekleidung -2,6 %). Dabei fokussiert die Branche Teilbereiche wie etwa den Bereich der „technischen Textilien". Hier sind etwa 12.000 Mitarbeiter beschäftigt. Zum Vergleich: In Webereien sind 9.800 Mitarbeiter tätig. Mit der - traditionsreichen - Produktion von Teppichen sind 3.980, mit der von gewirkten und gestrickten Stoffen knapp 3.000, mit der von Seilerwaren immerhin noch 1.160 Menschen in Deutschland beschäftigt.

Technische Textilien sind vielleicht weniger im Bewusstsein als Kleidung und Heimtextilien. Sie prägen den Alltag aber kaum weniger. Technische Textilien sind in Autos und Flugzeugen ebenso selbstverständlich wie in Bauwerken. Ohne Textilien könnte keine Krankenhaus-Operation stattfinden, keine Wunde steril versorgt werden. Technische Textilien sind schon heute ein hoch innovativer Werkstoff in vielen Anwendungsgebieten. Dächer über Fußballstadien oder der deutsche Pavillon auf der Weltausstellung in Shanghai: Textil formt unsere moderne Welt. Intelligente Textilien werden auch die Zukunft prägen: Kleidung, die den Blutdruck misst und bei Problemen ein Notsignal sendet, Wände, die Strom leiten….

3.15 Touristik

„Die neuen Herausforderungen im Tourismus setzen hohe fachliche Qualifikationen wie betriebswirtschaftliche Kenntnisse, vernetztes Denken, aber auch Führungsfähigkeiten voraus."

Interview mit Prof. Dr. Anita Zehrer, Vizepräsidentin der Deutschen Gesellschaft für Tourismuswissenschaft (DGT e.V.) sowie Professorin am MCI Management Center Innsbruck

Die Tourismusbranche erlebt seit geraumer Zeit einen Boom. Wir wirkt sich das auf den Arbeitsmarkt aus?

Laut Welttourismusorganisation UNWTO wird der internationale Tourismus 2015 um weitere 3 bis 4 % zunehmen, mit den stärksten Zuwächsen in Amerika, Asien und Pazifik (4 % bis 5 %). Europas internationale Ankünfte werden um 3 bis 4 % steigen, wobei innerhalb der EU ein Anstieg von +1,8 % erwartet wird. Auch Deutschland erlebt seit Jahren einen Boom im Tourismus. Aus der Bereitstellung von touristischen Produkten und Dienstleistungen resultierte im Jahr 2010 laut einer Studie des Bundesverbands der Deutschen Tourismuswirtschaft in Deutschland eine Beschäftigung von 2,9 Mio. Erwerbstätigen im direkter Effekt. Das entspricht einem Anteil von 7 % der Erwerbstätigen. Rechnet man den indirekten Effekt aufgrund von Vorleistungen entlang der Wertschöpfungskette dazu, liegt der Anteil laut Studie deutschlandweit bei etwa 12 %.

Wie sieht der Arbeitsmarkt 2015/2016 speziell für Wirtschaftswissenschaftler in der Tourismus-Branche aus?

Aktuelle Zahlen zeigen eine weiterhin dynamische Entwicklung des touristischen Arbeitsmarktes und belegen, dass es zu einer qualitativen Verbesserung des Arbeitsmarktstatus der inländischen Arbeitskräfte gekommen ist. Allerdings ist eine Polarisierung des Arbeitsmarktes nicht zuletzt durch die „Akademisierung des Tourismus" eingetreten. Die Polarisierung zwischen Hilfskräften auf der einen und hoch qualifizierten Führungskräften auf der anderen Seite, führt zu einer Lücke im mittleren Qualifikationssegment. Ein weiteres Problem sind die Einkommensvorstellungen von Akademikern, denn die Wirtschaft sucht in erster Linie Problemlöser, die mit sogenannten Schlüsselkompetenzen ausgestattet sind, keine akademischen Titel. Auch Jugendliche müssen mehr für einen Job im Tourismus begeistert werden, denn die Jugend von heute ist bei der Berufswahl anspruchsvoller und wählerischer.

Was sind spezielle Anforderungen an Wirtschaftswissenschaftler: mit Abschluss Bachelor, mit Abschluss Master? Was hat sich in den vergangen Jahren verändert?

Fit für den Arbeitsmarkt scheinen sich nach wie vor nur wenige Bachelor-Absolventen zu fühlen. Der Großteil der Bachelor-Absolventen schließt laut Umfragen nach wie vor direkt ein Master-Studium an.

Grund ist, dass die Tourismuswirtschaft der letzten Jahre geprägt ist von Strukturveränderungen, einer immer größeren Konkurrenzdichte für touristische Unternehmen sowie Fusionierungsbestrebungen, um nur einige zu nennen. Um im Tourismus wettbewerbsfähig zu werden oder zu bleiben, bedarf es hoher fachlicher Qualifikationen und fundierter betriebswirtschaftlicher Kenntnisse sowie persönlicher Eigenschaften und Leadership-Fähigkeiten. Während die Tätigkeitsstrukturen früher relativ stabil waren, sind Aufgaben und Anforderungen in Zukunft durch stetigen Wechsel charakterisiert.

3.15.1 Die Branche in Zahlen

Neben wenigen großen Touristikkonzernen ist die europäische Tourismuswirtschaft überwiegend von mittelständischen und familiengeführten Betrieben geprägt. So sind in Deutschland derzeit rund 2.500 Reiseveranstalter, knapp 10.000 Reisebüros und etwa 4.800 Busunternehmen tätig. Darüber hinaus bestehen rund 222.220 Unternehmen im Gastgewerbe, darunter rund 46.820 Beherbergungsunternehmen und 175.400 gastronomische Unternehmen. Mehr als 70 % der Unternehmen in der Europäischen Union sind Familienunternehmen und damit Arbeitgeber für rund die Hälfte aller Beschäftigten. Die Anzahl der Familienunternehmen in Deutschland liegt sogar bei 95 %. Den höchsten Anteil an Familienunternehmen gibt es im Tourismus.

Die Tourismusbranche ist für die Wirtschaftskraft eines Landes ein entscheidender Faktor. Der Tourismus in Deutschland beispielsweise schafft 2,9 Mio. Arbeitsplätze. Das sind

7 % der Erwerbstätigen, so die Studie „Wirtschaftsfaktor Tourismus Deutschland" vom Bundesverband der Deutschen Tourismuswirtschaft (BTW), dem Bundesministerium für Wirtschaft und Technologie sowie dem Deutschen Institut für Wirtschaftsforschung. Jeder 14. Arbeitnehmer ist im Tourismus beschäftigt. Zudem stellt die Branche mehr als 114.000 Ausbildungsplätze. Die gesamten Konsumausgaben der touristischen Besucher in Deutschland beliefen sich 2010 auf 278,3 Mrd. Euro.

Beschäftigungseffekte der Tourismuswirtschaft (2010)

Basisjahr 2010	Erwerbstätige		In % der Gesamtbeschäftigung	
	Tourismus gesamt	davon Geschäftsreisen	Tourismus gesamt	davon Geschäftsreisen
Direkter Effekt	2.858.748	682.222	7,0	1,7
Indirekter Effekt	979.672	261.409	2,4	0,6
Induzierter Effekt	1.035.097	229.648	2,6	0,6
Gesamt	4.873.517	1.173.279	12,0	2,9

Quelle: Wirtschaftsfaktor Tourismus Deutschland. Kennzahlen einer umsatzstarken Querschnittsbranche, hg. vom Bundesministerium für Wirtschaft und Technologie (BMWi) und dem Bundesverband der Deutschen Tourismuswirtschaft (BTW), Berlin 2012

Die direkten Einkommenseffekte des Tourismus, so der Deutsche Reiseverband, betragen 97 Mrd. Euro. Dies entspricht 4,4 % der gesamten Bruttowertschöpfung – dem Gesamtwert aller produzierten Waren und Dienstleistungen – in Deutschland. Wenig bekannt: Der Wirtschaftsbereich rangiert damit vor Bau, Maschinenbau und Kfz-Produktion. Vor allem strukturschwächere Räume profitieren vom Tourismus.

3.15.2 Ausblick

Die Tourismuswirtschaft wird im globalen Kontext wettbewerbsintensiver, die in Europa vorherrschenden Klein- und Mittelbetriebe in der Tourismuswirtschaft sehen sich mit weltweit agierenden Mitbewerbern konfrontiert. Der touristische Arbeitsmarkt bleibt künftig von einer hohen Nachfrage nach Mitarbeitern wie auch einer hohen Mobilität geprägt. Der Mitarbeiter bleibt aufgrund der hohen Serviceintensität der Branche die Basis des Erfolgs. Der demografische Wandel wird Auswirkungen auf den Tourismus haben, und es wird zu einer Verschiebung der Marktanteile zugunsten der Senioren kommen. Der zunehmende Fachkräftemangel und der wachsende Wettbewerb um qualifiziertes Personal im Tourismus werden durch die Effekte des demografischen Wandels weiter verstärkt.

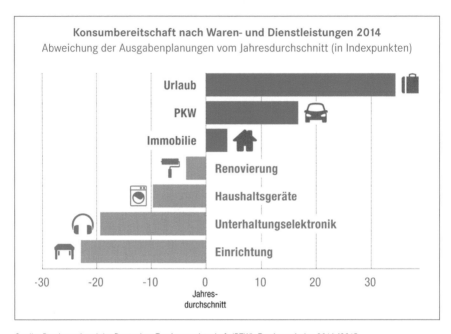

Quelle: Bundesverband der Deutschen Tourismuswirtschaft (BTW): Tourismusindex 2014/2015

Die Deutschen sind auch 2014 wieder mehr gereist: 1,6 Mrd. Reisetage bedeuteten ein Plus von 1,2 % oder 19 Mio. Reisetagen, bilanziert der Bundesverband der Deutschen Tourismuswirtschaft (BTW). Drei von vier Deutschen waren 2014 auf Reisen – und auch 2015 weist das GfK-Konsumklima eine Bereitschaft aus, weiter in die schönsten Tage des Jahres zu investieren. Damit sind Menschen überdurchschnittlich bereit, Geld für das immaterielle Konsumgut „Reise" auszugeben – noch eher als für Einrichtungsgegenstände, Renovierungen oder Unterhaltungselektronik und sogar noch eher als für PKW und Immobilien.

3.16 Personal- und Unternehmensberater

„Akademisch geprägte Branche mit Nachwuchsbedarf"

Interview mit Kai Haake, Geschäftsführer Bundesverband Deutscher Unternehmensberater (BDU), Bonn.

Wie wirkt sich der Boom der Wirtschaft generell auf Ihre Branche aus?

Durch die nach wie vor im weltweiten Vergleich stabile Konjunktur in der deutschen Wirtschaft und Industrie ist der Umsatz der deutschen Unternehmensberatungsbranche weiter gestiegen. Allerdings beobachten die Unternehmen das höchst volatile Konjunkturumfeld intensiv und passen die eigenen Geschäfts-, Organisations- und Finanzierungsmodelle kontinuierlich an. Parallel werden in vielen Branchen, besonders z. B. im Maschinen- und Anlagenbau oder in der Automotive-Branche, Beratungsprojekte mit Industrie-4.0-Charakter stärker nachgefragt. Häufig steht die Absicherung des eigenen Kerngeschäfts im Vordergrund. Aber auch die neuen Marktchancen, die sich aufgrund der zunehmenden Digitalisierung und der veränderten Markt- und Wettbewerbsbedingungen ergeben, erweisen sich als Impulsgeber für das Unternehmensberatungsgeschäft.

Wie sieht der Arbeitsmarkt 2015/2016 für Wirtschaftswissenschaftler in der Consultingbranche aus?

Die Jobperspektiven für 2015/2016 bleiben sehr gut. Die große BDU-Marktbefragung zu Beginn des Jahres hat ergeben, dass Dreiviertel der Consultingfirmen zusätzliche Berater einstellen wollen. Gesucht werden sowohl Berater, die bereits über Branchen- und Berufserfahrung verfügen, als auch junge Talente, die frische wissenschaftliche Erkenntnisse von den Hochschulen mitbringen. Das unkonventionelle Denken und die Fähigkeit, Dinge aus einer anderen Perspektive zu beleuchten, sind ebenfalls ein großes Plus der Einsteiger.

Welche Auswirkungen des Bologna-Prozesses, der Studiengänge und -abschlüsse europaweit harmonisieren und die Mobilität der Studierenden verstärken sollte, lassen sich in der Unternehmensberatungsbranche feststellen?

Der Wandel beim Karrierehintergrund der Unternehmensberater wird schnell deutlich, wenn man auf die unterschiedlichen Hierarchiestufen ihrer Studienabschlüsse blickt. Jeder zweite Junior-Berater besitzt heute einen Master- oder Bachelor-Abschluss (31 % Master und 18 % Bachelor), nur noch 44 % haben ihr Studium mit einem Diplom-, Staatsexamen- oder Magistertitel beendet. Dies hat eine vom BDU durchgeführte Studienbefragung ergeben. Bei den Senior-Beratern und in der Unternehmensleitung liegt der Anteil der drei zuletzt genannten Studienabschlüsse mit 79 bzw. 83 % wiederum deutlich höher. Der gewünschte Wandel durch den Bologna-Prozess zeigt bei dieser Entwicklung seine Wirkung.

Größere Unterschiede in den einzelnen Größenklassen lassen sich im Recruiting auf der Junior-Berater-Ebene feststellen. Jeder zweite Junior-Berater besitzt bei den großen Marktteilnehmern mit mehr als 10 Mio. Euro Jahresumsatz einen Master-Titel. Bei den mittelgroßen Consultingfirmen (Jahresumsatz zwischen 1 und 10 Mio. Euro) ist es nur jeder Vierte und bei den kleineren Unternehmensberatungen (weniger als 1 Mio. Euro Jahresumsatz) jeder Fünfte.

3.16.2 Die Branche in Zahlen

Die anhaltende Globalisierung sowie die schnellen technologischen Fortschritte sorgen bei den Unternehmen aus Wirtschaft, Industrie und Verwaltung für weiter wachsende Nachfrage nach Unterstützung durch Consultants, so die Marktstudie „Facts & Figures zum Beratermarkt 2014/2015" vom Bundesverband Deutscher Unternehmensberater (BDU). Der BDU bilanziert: 2014 stieg der Umsatz auf 25,2 Mrd. Euro, dies entspricht einem Zuwachs um 6,4 % im Vergleich zum Vorjahr. Politische, technische, aber auch finanzpolitische Entwicklungen wie die Energiewende oder die Digitalisierung der Wirtschaft und der Gesellschaft erzeugen Beratungsbedarf. 2014 arbeiteten in Deutschland mehr als 106.000 Unternehmensberater in knapp 15.400 Beratungsfirmen. Insgesamt waren 2014 rund 130.000 Mitarbeiter in der Consultingbranche beschäftigt. 2008 waren es 13.600 Unternehmen und 85.600 Berater.

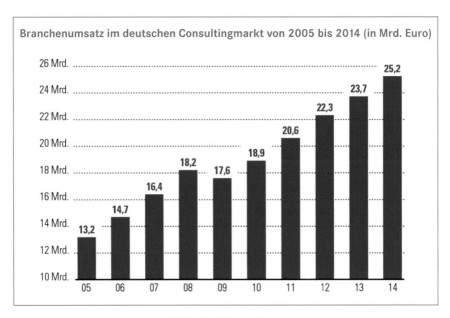

Quelle: Facts & Figures zum Beratermarkt 2014/2015 , BDU e.V. 2015

Die wichtigsten Kennzahlen der Personal- und Unternehmensberater 2014 im Überblick (Umsatzzahlen in Euro)

	ca. 45 Mio. Jahres-umsatz	15 Mio. bis 45 Mio.	5 Mio. bis 15 Mio.	2,5 Mio. bis 5 Mio.	1 Mio. bis 2,5 Mio.	500.000 bis 1 Mio.	250.000 bis 500.000	Unter 250.000	Gesamt-markt	Ver-änderung
Umsatz in Mrd. Euro	10,71	2,79	1,51	2,10	2,84	1,97	1,64	1,66	25,22	6,4 %
Marktanteil in %	43,0 %	10,8 %	5,8 %	8,1 %	11,2 %	7,8 %	6,5 %	6,7 %		
Gesamtwachstum Marktsegment	5,0 %	8,4 %	9,1 %	9,6 %	6,7 %	6,6 %	6,2 %	5,3 %		
Durchschnittliches Un-ternehmenswachstum	5,9 %	8,7 %	9,2 %	9,4 %	6,5 %	6,5 %	6,2 %	5,0 %		
Anzahl Beratungs-unternehmen	150	210	260	620	1.750	1.900	3.000	7.500	15.390	0,6 %
Anzahl Gesamt-mitarbeiter	41.000	10.550	6.300	11.150	18.250	13.100	12.300	17.100	129.750	
Anzahl Berater	34.000	9.500	5.250	9.100	14.500	10.600	9.500	14.000	106.450	8,3 %
Davon Juniorberater	3.950	3.200	1.625	3.200	3.900	2.300	2.100	2.550	22.825	
Anzahl Analysts/ Backoffice	7.000	1.050	1.050	2.050	3.750	2.500	2.800	3.100	23.300	

Quelle: Facts & Figures zum Beratermarkt 2014/2015, hg. vom Bundesverband Deutscher Unternehmensberater BDU e.V., Bonn

Von den in Deutschland tätigen Management-, HR- und IT-Beratern ist etwa ein knappes Viertel bei den 20 umsatzstärksten Unternehmen tätig. Die Top-20-Unternehmensberatungen beschäftigen im Inland über 24.000 Mitarbeiter. Zudem ist davon auszugehen, dass maximal 100 Unternehmensberatungen mehr als 100 Mitarbeiter haben. Hiervon sind im Durchschnitt etwa Zweidrittel als Berater tätig. 2013 arbeiteten in Deutschland rund 5.800 Personalberater (+ 1,8 %) in knapp 2.000 Beratungsunternehmen. Insgesamt waren 2013 rund 11.200 Mitarbeiter in der Personalberatungsbranche in Deutschland beschäftigt.

3.16.3 Ausblick

Für das Jahr 2015 bleibt die Consultingbranche optimistisch, die Prognose aus der BDU-Marktstudie liegt bei einem Plus von 7,4 %. Dreiviertel der Marktteilnehmer gehen von einer Umsatzsteigerung aus.

Bedingt durch die weiterhin gute Branchenkonjunktur wollen viele Marktteilnehmer auch hinsichtlich ihrer Mitarbeiterzahl wachsen. Die Suche nach Beratertalenten ist daher ungebremst. Insgesamt überwiegt die Zahl der Marktteilnehmer, die mehr Mitarbeiter netto eingestellt als abgebaut haben. Bei den Studienergebnissen für die Entwicklung im Geschäftsjahr 2014 fällt auf, dass mit einem Anteil von 63 % deutlich mehr der großen Unternehmensberatungen Senior-Berater (2013: 58 %) rekrutiert haben. Der hier seit einiger Zeit zu beobachtende Trend ist die Reaktion auf eine stärkere Nachfrage der Klienten nach Umsetzungsberatung, die in der Regel Berufs- und Projekterfahrung voraussetzt. Die optimistische Zukunfterwartung der Consultants schlägt sich parallel auch bei den Recruitingplanungen nieder. Vor allem die großen Beratungen sehen für das Jahr 2015 zusätzliche Personaleinstellungen vor. Rund Zweidrittel planen einen Personalaufbau bei den Beratern, knapp Dreiviertel wollen dies auch bei den Junior-Beratern tun. Aber auch die mittelgroßen Unternehmensberatungen beabsichtigen, ihre Beraterteams aufzustocken. 55 % planen mit zusätzlichen Kapazitäten bei berufserfahrenen Beratern und 61 % bei jungen Nachwuchsberatern.

In den Beratungsprojekten nehmen die Themen Cloud Computing, Big Data, Social- und Mobile-Integration eine immer wichtigere Rolle ein. Die Anforderungen durch die zunehmende Digitalisierung, wachsende Mobilität oder der Trend zum Online-Vertrieb und zu Online-Services stellen neue Herausforderungen für die Firmen dar. Die rasanten technologischen Veränderungen haben wichtige Schlüsselbranchen wie den Maschinen- und Anlagenbau, die Automobilindustrie, die Elektrotechnik oder die Finanzinstitute mit voller Wucht erreicht. Dabei müssen z. B. digitale und physische Geschäftsmodelle miteinander verknüpft oder völlig neue Marktchancen erkannt und gestaltet werden.

3.17 Special Consulting

Wirtschaft, Politik und Gesellschaft werden heute von wachsender Komplexität, voranschreitender Globalisierung sowie schnellen Veränderungsrhythmen geprägt. Für die dafür notwendigen Anpassungen greifen Unternehmen und Organisationen zunehmend auf die Unterstützung externer Berater zurück. Daher steigt die Nachfrage nach Consultingleistungen durch Industrie, Wirtschaft und Verwaltung seit Jahren kontinuierlich an. Pro Jahr steigt der Umsatz der Branche im Schnitt um 8 %. Die Unternehmensberatung wird in vier Beratungsfelder unterteilt: Strategieberatung, Organisations-/Prozessberatung, IT-Beratung sowie Human-Resources-Beratung.

3.17.1 Das Berufsbild des Unternehmensberaters

Ein gesetzlich fixiertes Berufsbild mit vorgeschriebenen Bildungswegen und förmlicher Berufszulassung existiert für die Unternehmensberatung nicht. Die Berufsgrundsätze des Bundesverbandes Deutscher Unternehmensberater (BDU) für Unternehmensberater und Personalberater leisten aber eine berufsspezifische Orientierung. Hier heißt es unter anderem:

- Der Berater übt seinen Beruf eigenverantwortlich und gewissenhaft aus. Er übernimmt nur Aufträge, wenn er über die dafür erforderliche Kompetenz und die zur Bearbeitung erforderliche Zeit verfügen kann.

- Aufträge, die rechtswidrige oder unlautere Handlungen erfordern, werden abgelehnt oder nicht ausgeführt.

- Der Berater führt die Beratung unvoreingenommen und objektiv durch; dies schließt insbesondere Gefälligkeitsgutachten aus. Er nimmt von Dritten für sich oder andere keine finanziellen oder materiellen Zuwendungen – etwa Provisionen – an, die seine Unabhängigkeit gefährden und dem Auftraggeber nicht bekannt sind.

- Anvertraute fremde Vermögenswerte werden mit besonderer Sorgfalt behandelt.

- Unternehmensberater berechnen Honorare, die im angemessenen Verhältnis zur Leistung oder zum Ergebnis stehen und die vor Beginn der Beratungstätigkeit mit dem Klienten abgestimmt worden sind.

- Der Berater bildet sich in dem Maße fachlich fort, um die zu seiner Berufsausübung erforderlichen Kompetenzen zu erhalten und weiterzuentwickeln.

Zur klassischen **Unternehmensberatung** zählen unter anderem die Bereiche Unternehmensführung, Leistungserstellung, Finanzierung, Vertrieb oder Personalwesen. Nicht dazu gehören laut BDU beispielsweise die Finanzberatung, Zeitarbeit, Versicherungsberatung, reine Maklerdienstleistungen oder Managementtätigkeiten. Von den in Deutschland gut 106.000 tätigen Management-, HR- und IT-Beratern ist gut ein Fünftel bei den 20 umsatzstärksten Unternehmen tätig. Zudem ist davon auszugehen, dass maximal 100 Unternehmensberatungen mehr als 100 Mitarbeiter haben. Hiervon sind im Durchschnitt etwa zwei Drittel als Berater tätig.

Personalberater erfüllen regelmäßig folgenden Aufgaben: Analyse der zu besetzenden Stelle und des betrieblichen Umfelds (einschließlich der Führungsorganisation), Erarbeitung des fachlichen und persönlichen Anforderungsprofils der Position, Beschreibung und Festlegung der notwendigen und erwünschten Voraussetzungen oder ausschließenden Kriterien für qualifizierte Bewerber und die Mitwirkung und Beratung bei der Festlegung von Einstellungs-, Arbeits- und Vergütungsbedingungen. Nicht zur Personalberatung gehören etwa die Arbeitnehmerüberlassung oder die Personalvermittlung. Für klassische Quereinsteiger mit Führungs- und Industrieerfahrung bieten Personalberatungen aller Größenordnungen gute Karrierechancen, schätzt der BDU. Die Anforderungen an erfolgreiche Personalberater sind hoch und entsprechen dem Qualifikationsniveau für obere Führungskräfte. Neben fachlicher Kompetenz und Branchenkenntnis wird von qualifizierten Personalberatern eine hohe soziale Kompetenz erwartet. Die rund 2.000 Personalberatungsunternehmen beschäftigen im Inland nach Schätzungen des BDU insgesamt rund 11.200 Mitarbeiter, davon rund 5.800 Berater.

3.17.2 Einstieg, Anforderungen und Verdienst

Die Unternehmens- und Personalberatungen in Deutschland suchen ständig Mitarbeiter, vor allem solche, die bereits Berufserfahrung als Unternehmensberater mitbringen und direkt in Projekten eingesetzt werden können. Aber auch Quereinsteiger oder Berufsanfänger sind gefragt. Eine direkte Ausbildung zum Unternehmensberater gibt es nicht, auch wenn mehrere Hochschulen MBA-Ausbildungen im Bereich Management Consulting anbieten. Genauso gut ist ein Studium in Richtung BWL oder VWL, aber auch mit naturwissenschaftlichen oder technischen Abschlüssen ist der Einstieg in ein Beratungsunternehmen möglich. Der Beruf des Unternehmensberaters unterscheidet sich damit von anderen Berufen wie dem des Rechtsanwalts, des Steuerberaters oder des Wirtschaftsprüfers.

Typischerweise startet der Berufseinsteiger im Bereich Research oder in einer Assistenzfunktion. Der weitere Weg innerhalb des Unternehmens ist sowohl bei der Unternehmensberatung als auch in der Personalberatung identisch. In der Regel sind die einzelnen Karrierestufen mit einer durchschnittlichen Zugehörigkeitsdauer versehen:

- Assistant/Professional/Junior Consultant etwa ein Jahr
- Manager/Project Manager/Expert/Consultant zwei bis drei Jahre
- Senior Project Manager/Director/Senior Expert nochmals zwei bis drei Jahre

Zwei bis drei Jahre müssen sich die Berater bewähren, um befördert zu werden.

Beispiel McKinsey: Der weltweit führende Top-Management-Berater zählt die Mehrzahl der 100 führenden Unternehmen zu seinen Kunden, berät aber auch den wachstumsstarken Mittelstand, viele führende Banken und Versicherungsgesellschaften, Regierungsstellen sowie private und öffentliche Institutionen. Strategie- und Organisationsstudien sowie die Themen „Wachstum" und „Aufbau neuer Geschäfte" machen rund die Hälfte der Arbeit aus. Weitere zentrale Arbeitsgebiete sind funktionsbezogene Projekte in Marketing und Vertrieb, Produktion und Logistik, Corporate Finance und Informationstechnologie. Für

Bachelor-Absolventen bietet sich der Einstieg als Junior Fellow an, der an konkreten Beratungsprojekten mitwirkt. Die weiteren Möglichkeiten sind lukrativ: Ein Junior Fellow arbeitet zunächst ein Jahr lang als Berater, das heißt als vollwertiges Teammitglied in einem Projekt bei Klienten im In- und Ausland. Danach hat man die Wahl: Entweder man kehrt an die Hochschule zurück und absolviert einen von McKinsey bezahlten Master-Studiengang, um danach als Fellow wieder einzusteigen. Oder man wechselt ins Fellowship-Programm und kann nach zwei weiteren Jahren als Berater einen MBA oder Doktorgrad erwerben – bei Fortzahlung des Gehalts für ein Jahr. Im Associate-Programm werden Hochschulabsolventen mit Promotion, MBA oder relevanter Berufserfahrung gezielt auf höhere Aufgaben vorbereitet. Schon nach kurzer Zeit besteht die Möglichkeit, Führungsverantwortung zu übernehmen.

Die Anforderungen an künftige Mitarbeiter sind hoch. Während eines Auswahltags werden die Kandidaten in Einzelinterviews gründlich getestet. Gute Karten hat, wer schon während des Studiums ein Praktikum absolviert hat. Praktikanten arbeiten acht bis zwölf Wochen in einem Beraterteam und sind dort für einen kleinen, klar abgegrenzten Teilaspekt eines Projekts verantwortlich. Jede Woche werden vier Tage vor Ort bei einem Klienten verbracht und ein Tag in dem McKinsey-Büro, für das man sich entschieden hat. Was die Studienrichtungen betrifft, ist McKinsey relativ offen. Etwa die Hälfte der Berater hat einen wirtschaftswissenschaftlichen Background, alle anderen kommen aus anderen Disziplinen. Wer keine wirtschaftswissenschaftliche Ausbildung hat – etwa Ingenieure oder Mediziner – erhält vorab ein sogenanntes Mini-MBA-Training. Der mehrwöchige Kurs vermittelt Grundlagen der Betriebswirtschaft und orientiert sich stark an den Lehrplänen der führenden Business Schools für MBAs. Daneben erhalten die Berater ohne wirtschaftswissenschaftlichen Background zusätzliche Trainings, die diese Kenntnisse weiter vertiefen.

 Web-Link
Weitere Infos erhalten Sie unter www.mckinsey.de/karriere

Beispiel Zeb/Rolfes.Schierenbeck.Associates: Die mittelständische Beratungsfirma hat sich auf die Beratung von Financial Services spezialisiert. Zu den Kompetenzfeldern gehören die Konzeption und Umsetzung aussagefähiger Ergebnisrechnungen, die notwendigen Instrumente zur Risikoquantifizierung und -beurteilung, die Verbesserung der Ablaufprozesse oder die Entwicklung einer schlagkräftigen Retailorganisation. Zeb unterstützt Banken, Sparkassen, Versicherungsunternehmen und andere Finanzdienstleister seit Jahren erfolgreich bei der Bewältigung dieser Aufgaben. Gesucht werden ständig Absolventen der Studienrichtungen

- Wirtschaftswissenschaften
- Betriebswirtschaftslehre
- Volkswirtschaftslehre
- (Wirtschafts-)Informatik
- (Wirtschafts-)Mathematik
- Physik

Neben guten Abschlüssen wird vor allem Wert auf erste Erfahrungen bei Banken oder Beratungsunternehmen durch Ausbildung oder Praktika, Auslandserfahrung sowie gute Englischkenntnisse gelegt. Zentraler Bestandteil ist das zeb/bachelor.welcome-Programm für erstklassige Bachelor-Absolventen der Fachrichtungen Wirtschaftswissenschaften oder (Wirtschafts-)Informatik. Nach dem Bachelor-Abschluss sammeln Einsteiger für ein Jahr als Analyst Berufserfahrung in einer Competence Unit, um anschließend ein ein- bis zweijähriges Master-Studium in Vollzeit zu absolvieren. Nach dem erfolgreichen Master-Abschluss steigt der Absolvent wieder ein und wird zum Management Consultant befördert. Während des Studiums gibt es ein begleitendes Seminarangebot, persönliches Mentoring durch erfahrene Berater und finanzielle Unterstützung.

✕ Web-Link
Weitere Infos erhalten Sie unter www.zeb.de/de/karriere/absolventen

Beispiel Roland Berger Strategy Consultants: Die Stärken des Strategieberaters aus München sind Geschäftsanalysen in der individuellen Wettbewerbssituation des Kunden. Er nennt das Beratungsgespräch nicht Handwerk, sondern Kunst. Daraus leiten sich die hohen Ansprüche ab, die an die Berater gestellt werden. Sachlich korrekt, in höchstem Maße präzise und konsequent umgesetzt, stellen die Beratungsdialoge besondere Anforderungen an die Mitarbeiter. Bei Roland Berger Strategy Consultants sind Hochschulabsolventen aller Fachrichtungen willkommen – Biologie, Informatik, Maschinenbau oder Wirtschaftswissenschaften. So verschieden der Studienabschluss sein kann, so kongruent ist, was das Unternehmen verlangt – Leidenschaft und betriebswirtschaftliche Neugier. Zugleich stellt es Fingerspitzengefühl für Alternativlösungen, viel Unternehmertum, reale betriebswirtschaftliche Sicht und gründliche Kreativität in den Vordergrund. Der Start in eine Beraterkarriere bei Roland Berger erfolgt nach sehr gut abgeschlossenem Bachelor, Master, Diplom, Staatsexamen oder Magister als Consulting Analyst bzw. als Junior Consultant. Wer promoviert hat, steigt in der Regel direkt als Consultant ein. Für MBA-Absolventen besteht nach dem ersten Jahr die Möglichkeit, das zwei- bis dreimonatige Summer-Associate-Programm in einem der Büros weltweit zu belegen. Die Besten erhalten vor Ort ein Angebot als Senior Consultant. Nach Auffassung von Roland Berger ist die Lernkurve der Berater genauso steil und schnell wie die Karriere verläuft. Nach einem Jahr als Junior Consultant folgt in der Regel im zweiten Jahr der Consultant, im dritten und vierten Jahr der Senior Consultant mit dem Ziel, in weiteren Jahren als Project Manager und Principal nach acht, spätestens zehn Jahren eine Partnerschaft mit Roland Berger zu schließen. Die Beratertätigkeit wird von erstklassigen Weiterbildungsseminaren begleitet, die dem jeweiligen Ausbildungsstand angepasst sind. Daneben stehen spezielle Entwicklungs- und Förderprogramme für Master, Promotion oder das „Roland Berger Fellowship Program" für herausragende Senior Consultants an einer der weltweit führenden Universitäten auf dem Programm.

✕ Web-Link
Weitere Infos erhalten Sie unter www.rolandberger.de/karriere_de

Die **Anforderungen** an Unternehmensberater sind überdurchschnittlich hoch. Neben den formalen Qualifikationen ist die Persönlichkeit wichtig für eine beratende Tätigkeit. Lernbereitschaft, Problemlösungsfähigkeit unter Zeitdruck, Teamgeist, extreme Einsatzbereitschaft, logisch-analytisches Denkvermögen, hohe Kommunikationsfähigkeit nicht nur in der Muttersprache, Verhandlungsgeschick und Kreativität sind nur die wichtigsten Skills. Daneben empfiehlt es sich, eine hohe fachliche Kompetenz auf einem bestimmten Gebiet und eventuell in einer speziellen Branche zu erwerben, sodass man von den Klienten als Experte akzeptiert wird.

Dem hohen Einsatz stehen jedoch **überdurchschnittliche Verdienstmöglichkeiten** gegenüber. Berufs- und Projekterfahrung, MBA, Promotion oder Auslandserfahrung wirken in der Regel gehaltsfördernd. Häufig beginnt man als Beratungsassistent, wird nach wenigen Monaten Junior-Berater und anschließend nach etwa einem Jahr bereits Berater bzw. Consultant. Für Beratungsassistenten werden Gehälter zwischen 20.000 und 35.000 Euro gezahlt. Die Gehaltsspanne bei Junior-Beratern nach Abschluss eines Hochschulstudiums bewegt sich zwischen 38.000 und 55.000 Euro. Unternehmensberater mit zwei Jahren Berufserfahrung können mit bis zu rund 78.000 Euro rechnen. Die Gehälterbandbreite ist groß und hängt, wie der BDU erklärt, unter anderem stark von der Größe des Unternehmens sowie den jeweiligen persönlichen und fachlichen Qualifikation ab.

Vergütung in der Unternehmensberatung (Angaben in Euro)

	Partner	Senior Manager	Manager	Senior Consultant	Consultant	Junior Consultant/ Analyst
Durchschnittswert	240.000	115.000	90.000	76.000	55.000	41.000
Minimum	120.000	95.000	80.000	70.000	50.000	35.000
Maximum	370.000	150.000	110.000	85.000	65.000	45.000

Vergütung in der Personalberatung (Angaben in Euro)

	Partner	Berater über 400 TSD Euro Honorarumsatz	Berater unter 400 TSD Euro Honorarumsatz	Junior Berater	Assistent	Senior Researcher	Junior Researcher
Durchschnittswert	210.000	150.000	90.000	58.000	45.000	58.000	40.000
Minimum	175.000	145.000	80.000	55.000	40.000	50.000	37.000
Maximum	340.000	165.000	100.000	60.000	55.000	60.000	41.000

Quelle: BDU

3.17.3 Selbstständigkeit

Um sich Unternehmensberater zu nennen, ist es eigentlich ausreichend, sich neben den üblichen Kommunikationsmitteln eine entsprechende Visitenkarte zu besorgen. Dadurch, dass die Berufsbezeichnung in Deutschland nicht geschützt ist, gibt es keine Zugangsbeschränkung.

Wer sich jedoch erfolgreich als Unternehmensberater selbstständig machen möchte, muss sich intensiv und gründlich vorbereiten. Folgende Schritte sind vorab zu absolvieren:

- Realistische Einschätzung der eigenen Persönlichkeit
- Analyse der Marktsituation
- Analyse der Zielgruppe
- Analyse der Konkurrenzsituation
- Auswahl des Standortes mit Standortanalyse
- Entwicklung eines Unternehmensplanes/-konzeptes
- Auswahl der geeigneten Rechtsform

Eine **realistische, objektive Einschätzung** der eigenen Person und Fähigkeiten ist die Grundlage der Entscheidung, den Schritt in die Selbstständigkeit zu wagen. Neben den hohen Anforderungen, die von den Klienten an einen Unternehmensberater gestellt werden, wird man zusätzlich noch Unternehmer und muss sich und sein Unternehmen selbstdiszipliniert verwalten.

Wer nicht bereits potenzielle Klienten kennt, verbringt eine lange Anlaufphase damit, Kunden zu akquirieren. Während dieser Zeit muss der Lebensunterhalt entweder durch eine parallel ausgeübte Tätigkeit oder durch andere Einkünfte bestritten werden.

> **TIPP** Die zum BDU gehörende Beraterakademie bietet regelmäßig Seminare zum Thema „Gründung einer Unternehmensberatung" an, in denen an zwei Tagen alle wichtigen Aspekte angesprochen werden. Es gibt aber auch zahlreiche weitere Seminare im Programm des BDU, die auch für jüngere Unternehmensberater interessant sind.

3.17.4 Struktur und Situation der Branche

2014 arbeiteten laut BDU in Deutschland mehr als 106.000 Unternehmensberater (+ 8,5 % im Vergleich zu 2013) in rund 15.400 Beratungsfirmen. Insgesamt waren rund 130.000 Mitarbeiter in der Consultingbranche in Deutschland beschäftigt. Was die Anzahl der Mitarbeiter betrifft, ist die Branche klein- und mittelständisch geprägt.

Bei mehr als der Hälfte der Marktteilnehmer liegt der Jahresumsatz bei weniger als 250.000 Euro. Dabei handelt es sich überwiegend um **Einzelberater oder kleinere Beratungsgesellschaften**. Hier waren 2014 gut 17.000 Menschen beschäftigt, davon 14.000 Berater. Bei den Unternehmensberatungen mit mehr als 45 Mio. Euro Umsatz waren 34.000 Berater in 150 Unternehmen tätig, davon fast 4.000 Junior-Berater. Traditionell weist eine Reihe von Bundesländern eine besonders hohe **Konzentration an Consultingfirmen** auf. Mit 27 % entfällt der mit Abstand höchste Anteil auf Nordrhein-Westfalen. Mit

Abstand folgt Bayern mit 17,1 %, dicht beieinander folgen dann die Bundesländer Baden-Württemberg und Hessen mit 14,1 % (2006: 13,0 %) bzw. 12,1 % (2006: 11,4 %). Im Gegensatz dazu verharren die Zahlen für die meisten anderen Bundesländer auf deutlich niedrigerem Niveau. Sehr gering fällt der %uale Anteil mit weniger als 2 % beispielsweise in den östlichen Bundesländern aus. In Sachsen hat sich sogar die Zahl der ansässigen Unternehmensberatungen halbiert. Nur Berlin macht eine Ausnahme und steigerte seinen Anteil auf nun 5,5 % (2006: 5,0 %). Der Personalaufbau in der Unternehmensberatungsbranche ist auch 2014 weitergegangen. Deutlich mehr Marktteilnehmer haben angegeben, dass sie mehr Mitarbeiter netto eingestellt als abgebaut haben. Bei den großen Unternehmensberatungen mit mehr als 10 Mio. Euro Umsatz meldeten 42 %, dass sie zusätzliche Junior-Berater rekrutiert haben, auf der Senior-Beraterebene waren es 63 %.

Top Ten der deutschen Management-Beratungsunternehmen 2014

Platz	Unternehmen	Gesamtumsatz (in Mio. Euro)		Mitarbeiterzahl	
		2012	2013	2012	2013
1	Roland Berger Strategy Consultants Holding GmbH, München	765	750	2.800	2.700
2	zeb/rolfes.schierenbeck. associates GmbH, Münster	143	169	734	844
3	Simon Kucher & Partners GmbH , Bonn	145	152	620	680
4	Kienbaum Unternehmens-gruppe, Gummersbach	115	112	720	710
5	Horvath AG, Stuttgart	99	105	415	438
6	KPS AG, München	70	97	153	171
7	Q_Perior AG, München	82	90	422	425
8	Porsche Consulting Grup-pe, Bietigheim-Bissingen	83	85	350	360
9	d-fine GmbH, Frankfurt/ Main	78	82	410	471
10	Goetzpartners Group, München	62	77	192	220

Quelle: Lünendonk GmbH, Stand: Mai 2014

Die größten internationalen Managementberatungen in Deutschland (in alphabetischer Reihenfolge)

Unternehmen	Umsatz weltweit 2013 (in Mrd. Euro)	Mitarbeiterzahl 2013 weltweit
A.T. Kaerney	0,8	3.500
Accenture	11,6	64.000
SAlix Partners	k.a.	1.200
Aon Hewitt	3,1	27.000
Bain & Company	1,6	5.700
Bearing Point	0,6	3.055
Capgemini	2,3	9.150
Deloitte	9,9	62.000
Ernst & Young	4,4	29.747
KPMG	6,2	40.000
McKinsey & Company	5,3	19.000
Mercer	3,1	20.535
Oliver Myman	1,1	3.500
PwC	6,9	42.200
Strategy& (ehemals Booz)	0,9	3.300
The Boston Consulting Group	3,0	9.700
The Capital Markets Company	k.A.	2.200
Towers Watson	2,7	14.000

Quelle: Lünendonk GmbH, Stand: Mai 2014

Viele Konzerne, aber auch Unternehmen aus dem Mittelstand, haben den guten Konjunkturverlauf in Deutschland mit vielfach vollen Auftragsbüchern strategisch genutzt, um mit gezielten Produkt- und Prozessinnovationen die Zukunftsfähigkeit zu sichern und Wettbewerbsvorteile auszubauen.

Der **Umsatz** in der deutschen Unternehmensberaterbranche ist im Jahr 2014 erneut gestiegen. Insgesamt fragten die Auftraggeber aus Industrie, Wirtschaft und Verwaltung Beratungsleistungen im Wert von 25,2 Mrd. Euro nach. Dies entspricht einem Plus von 6,4 % gegenüber dem Vorjahr (2013: 23,7 Mrd. Euro).

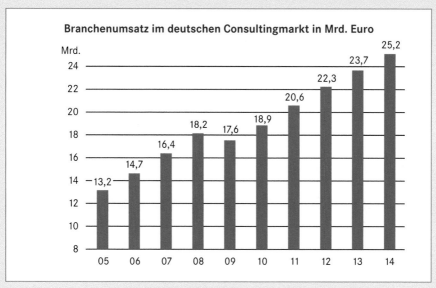

Branchenumsatz im deutschen Consultingmarkt in Mrd. Euro

Quelle: BDU, Januar 2015

Für das laufende Jahr 2015 wird erneut ein Umsatzplus von 7,4 % erwartet. Dies sind Ergebnisse der Marktstudie „Facts & Figures zum Beratermarkt 2014/2015", die der BDU erstellt hat. Im zurückliegenden Jahr 2014 bewegten sich die deutschen Unternehmen im internationalen Kontext in einem volatilen Umfeld, wie der BDU feststellte. Das machte eine ständige Überprüfung und Anpassung der Geschäfts-, Organisations- und Finanzierungsmodelle erforderlich. Viele Beratungsprojekte waren daher auf wandelnde Rahmenbedingungen der Unternehmen ausgerichtet. Dabei lag ein starkes Augenmerk auf einem professionellen Liquidationsmanagement. Besonders im Maschinen- und Anlagenbau, der Automotivebranche sowie der Chemischen Industrie laufen viele Projekte mit Industrie-4.0-Charakter. Häufig stand die Absicherung des eigenen Kerngeschäfts im Fokus, aber auch neue Marktchancen vor allem durch zunehmende Digitalisierung belebten das Beratungsgeschäft.

Für 2015 rechnen die Marktteilnehmer mit einer **guten Nachfrage** ihrer Klienten nach Beratungsleistungen. Drei Viertel der Studienteilnehmer gaben eine positive Wachstumsprognose ab. Besonders optimistisch zeigen sich die Consultingfirmen in den Größenklassen von 15 bis 45 Mio. Euro Umsatz mit einer Wachstumserwartung von 9,7 %. Nur die Einzelunternehmer geben sich deutlich skeptischer. Wichtiger Impulsgeber für das Consultinggeschäft wird aus Sicht der Studienteilnehmer der Bereich Banken und Versicherungen sein (+8,1 %). Viele Projekte sind davon gekennzeichnet, Kosten zu senken, Prozesse zu vereinheitlichen sowie Produktpaletten zu optimieren.

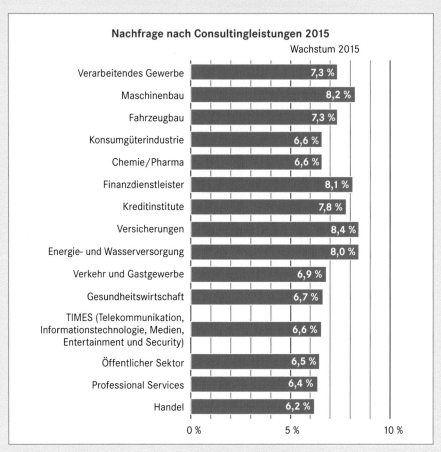

Nachfrage nach Consultingleistungen 2015

Wachstum 2015

Branche	Wachstum 2015
Verarbeitendes Gewerbe	7,3 %
Maschinenbau	8,2 %
Fahrzeugbau	7,3 %
Konsumgüterindustrie	6,6 %
Chemie/Pharma	6,6 %
Finanzdienstleister	8,1 %
Kreditinstitute	7,8 %
Versicherungen	8,4 %
Energie- und Wasserversorgung	8,0 %
Verkehr und Gastgewerbe	6,9 %
Gesundheitswirtschaft	6,7 %
TIMES (Telekommunikation, Informationstechnologie, Medien, Entertainment und Security)	6,6 %
Öffentlicher Sektor	6,5 %
Professional Services	6,4 %
Handel	6,2 %

Quelle: BDU, Januar 2015

Auch 2014 waren viele Beratungsprojekte davon geprägt, eine gute Balance zwischen Kostenoptimierung, verbesserten Prozessen und auf die Zukunft gerichteten Aktivitäten zu finden. Stark in den Vordergrund sind in den Beratungsprojekten die Themen „Reduzierung von Komplexität", „Mobile Geschäftsanwendungen" sowie „Digitalisierung und Vernetzung bei Industrie 4.0" gerückt. Ziel ist es hierbei meist, das Internet in die bestehenden Geschäftsmodelle und -prozesse zu integrieren. Aber auch völlig neue Betätigungsfelder wollen die Klienten hier mit Unterstützung von Unternehmensberatern durch gezielten Know-how-Transfer aufbauen.

Mit zwei grundlegenden Trends wird die Branche 2015 und darüber hinaus befasst sein: Zum einen wird die Professionalität und Eignung der Berater zunehmend kritisch hinterfragt vom Klienten. Zum anderen verändert die Digitalisierung die Projektthemen und die Strukturen der Unternehmensberatungen.

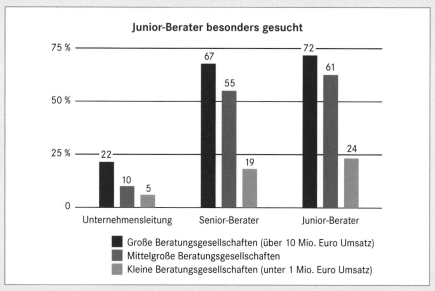

Junior-Berater besonders gesucht

- Große Beratungsgesellschaften (über 10 Mio. Euro Umsatz)
- Mittelgroße Beratungsgesellschaften
- Kleine Beratungsgesellschaften (unter 1 Mio. Euro Umsatz)

Quelle: BDU, Januar 2015

Bei ihren Bemühungen, mehr **Frauen** für den Einstieg ins Consulting zu motivieren, tritt die Branche hingegen auf der Stelle. Die gemeldeten Zahlen zeigen kaum eine Veränderung gegenüber dem Vorjahr. Allerdings gelingt es kleineren Beratungsfirmen offensichtlich nach wie vor am besten, Frauen für den Consultingberuf zu begeistern. Der Anteil bei den Berufseinsteigerinnen als Junior Consultant lag 2014 hier bei 42 % (2013: 43) und somit deutlich über den anderen Größenklassen. Die kleineren und mittleren Marktteilnehmer schaffen es im weiteren Karriereverlauf im Vergleich mit den großen Unternehmensberatungen auch deutlich besser, den Anteil weiblicher Consultants hochzuhalten. Während es bei Letzteren lediglich 4 % bis in die Unternehmensleitung schaffen, ist es bei den kleineren Beratungsfirmen mehr als jede dritte Frau.

3.17.5 Outplacementberatung

2013 arbeiteten in Deutschland rund 500 (festangestellte und freiberuflich tätige) spezialisierte Outplacementberater – die Spezialisten für faires **Trennungsmanagement** in Unternehmen – in rund 50 Beratungsunternehmen.

Nach zwei eher schwierigen Jahren 2010 und 2011 infolge der Finanz- und Wirtschaftskrise mit einem Umsatzminus von 12,5 % hat die Branche der Outplacementberater wieder in die Erfolgsspur zurückgefunden. Der Umsatz ist im Jahr 2012 um 17 % und 2013 um 8,5 % gestiegen. Mit 74 Mio. Euro wurde ein neues Allzeithoch erzielt. Dies sind Ergebnisse der Marktstudie „Outplacementberatung in Deutschland 2012/2013" des BDU, aktuellere Zahlen liegen nicht vor. Das Geschäftsjahr 2013 war nach Einschätzung von Stefan Detzel, Vorsitzender des BDU-Fachverbandes Outplacementberatung, maßgeblich durch Sondereffekte gekennzeichnet: „Sowohl die Energiebranche als auch die Kreditinstitute haben aufgrund ihres jeweiligen massiven Veränderungsdruckes umfangreichere Personalanpassungen vornehmen müssen." Hinzu kommt laut BDU-Vizepräsident Herbert Mühlenhoff, dass die Betriebsräte Vereinbarungen der Unternehmensleitung für Outplacementberatungsprogramme viel offensiver unterstützen und befürworten als in zurückliegenden Zeiten. Auch für das Jahr 2014 war die Branche optimistisch: Aus den Einschätzungen der befragten Outplacementberater ergab sich rein rechnerisch ein Umsatzplus von 12 %. Aktuellere Zahlen liegen derzeit nicht vor.

Der Markt der Outplacementberater, die – in der Regel beauftragt von Unternehmen und Organisationen – das Ziel verfolgen, mit den von Trennungssituationen betroffenen Mitarbeitern eine neue berufliche Perspektive zu erarbeiten, verändert sich zur Zeit stark. Im Vergleich zur letzten BDU-Marktstudie ist z. B. der Anteil der unbefristeten Einzeloutplacementprojekte von 42 % im Jahr 2007 auf 16 % im Jahr 2012 zurückgegangen. Die Klienten fragen mehr befristete Module nach. Der Trend hin zu kürzeren, dafür aber auch intensiveren Beratungszeiten ist deutlich erkennbar. 90 % der befristeten Einzeloutplacementprojekte verteilten sich 2012 auf Laufzeiten bis sechs Monate und 10 % auf Zwölf-Monats-Programme. Im Jahr 2012 wurden 68 % des Gesamtmarktumsatzes mit befristeten Outplacementprogrammen erzielt (46 Mio. Euro). 24 % entfielen auf unbefristete Module (16,5 Mio. Euro) sowie 8 % auf Gruppenoutplacement (5,5 Mio. Euro). Bei einer Berechnung der Honorare nach Festpreisen reicht die Spanne im Einzeloutplacement von 11.000 Euro (Laufzeit sechs Monate) bis zu 22.000 Euro (unbefristete Laufzeit).

In Zahlen ausgedrückt, meldet der BDU weiter, war der typische Klient im Jahr 2012 durchschnittlich 44 Jahre alt und verfügte über ein Bruttojahreseinkommen von rund 100.000 Euro. Der Großteil der Kandidaten in den Einzel- und Gruppenoutplacementprojekten gehörte zur Alterskategorie der 40- bis 49-Jährigen (46 %), der männliche Anteil lag bei 65 %. 20 % der betreuten Kandidaten kamen 2012 aus dem Funktionsbereich General Management, 18 % waren mit Vertriebs- oder Marketingaufgaben betraut sowie 12 % in IT-Abteilungen tätig. Besonderes Gewicht für den späteren Erfolg besitzen im Beratungs- und Projektverlauf bei Einzel- und Gruppenoutplacementprogrammen die folgenden Vorgehensweisen: Bewerbung auf klassische Stellenanzeigen (24 %), Aktivieren der persönlichen Netzwerke der Kandidaten (22 %), Platzierung über Personalberater (17 %) sowie Initiativbewerbungen (9 %).

3.17.6 Inhouse Consulting

Besonders rasant wächst der Markt für **Inhouse Consulting**. Diese Alternative zur externen Unternehmensberatung entstand Mitte der 1990er Jahre und besteht aus internen Einheiten, die Beratungsdienstleistungen für das eigene Unternehmen erbringen. Inhouse Consulting deckt in der Regel alle klassischen Beratungsfelder ab, vor allem Optimierung von Unternehmensstrategien, Geschäftsprozessen sowie der Aufbau- und Ablauforganisation. Veränderungsmanagement und Organisationsentwicklung spielen aufgrund des hohen Restrukturierungsbedarfs eine besondere Rolle.

In zahlreichen großen deutschen Unternehmen sind Inhouse-Consulting-Abteilungen als selbstständige Tochtergesellschaften oder in Form von Konzern-Serviceabteilungen organisiert. Sowohl bei strategischen als auch bei operativen Projekten steigt der Bedarf an internen Beratern. Dabei ersetzen oder ergänzen sie zunehmend externe Beratungsunternehmen. Auch bei der Auswahl externer Berater wird das Inhouse Consulting einbezogen. Es bietet vor allem den Vorteil, dass die Berater mit dem Konzern und seinen Abläufen vertraut und intern gut vernetzt sind. Dies gewährleistet schnelle, am Unternehmen orientierte Lösungen. Daher wird es vor allem für längerfristige Vorhaben wie die Integration von Zukäufen genutzt. Anders als Externe können interne Berater zudem die Umsetzung ihrer Vorschläge beobachten. Für Bewerber aller Karrierestufen bietet Inhouse Consulting eine anspruchsvolle Beratertätigkeit, verbunden mit Aufstiegschancen im Unternehmen. Viele Unternehmen nutzen es direkt als Talenteschmiede für Managementnachwuchs. Der Grund: Wer als interner Berater mit unterschiedlichen Unternehmensbereichen und -projekten vertraut geworden ist, verfügt über die notwendige Qualifikation, um auch in anderen Abteilungen erfolgreich und lösungsorientiert arbeiten zu können und dabei den Blick auf das Gesamtunternehmen zu behalten. Daher bauen deutsche Unternehmen gegenwärtig ihr Inhouse Consulting aus. Vom High Potential bis zum gestandenen Senior-Berater suchen sie Berater auf allen Hierarchieebenen. Zu diesem Ergebnis kommt auch eine Studie, die Bayer Business Services – eine der führenden deutschen Beratereinheiten – gemeinsam mit der European Business School (EBS) durchgeführt hat. Demnach unterhalten von den DAX-30-Unternehmen mittlerweile 21 ein eigenständiges Inhouse Consulting. Insgesamt rechnen die Befragten mit einer wachsenden Nachfrage nach internen Beratern.

Für Interessenten dürfte die Internetseite www.inhouse-consulting.de der Initiative „dichter dran" nützlich sein. Hierin sind die Inhouse-Consulting-Einheiten der großen Firmen vereint. Sie bietet Informationsaustausch und arbeitet an einem klaren Branchenprofil.

 Web-Link

Weitere Informationen sind im Internet auf www.inhouse-consulting.de zu finden.

Beispiel Bayer Business Consulting: An den Standorten Leverkusen, Shanghai, Peking, Pittsburgh, Morristown und Sao Paulo unterstützen mehr als 160 Berater sowohl globale Projekte der Teilkonzerne von Bayer als auch regionale Projekte von Konzern-Gesellschaften in Europa, Asien, Nord- und Südamerika. Der Transfer von Erfahrungen aus diesen Projekten über Bereiche und Regionen des Bayer-Konzerns hinweg bietet den Kunden einen deutlichen Mehrwert. Gemeinsam mit dem Management werden Einsätze der Berater geplant. Sie erfolgen in gemischten Teams von zwei bis sechs Personen mit unterschiedlichen Erfahrungen. Ein Abteilungsleiter begleitet jedes Team und vereinbart mit dem Auftraggeber Themenstellung und Unterstützung durch Bayer Business Consulting. Beim Kunden wird das Beraterteam von einem Projektmanager geleitet. Die Beratungsprojekte dauern zwischen drei und sechs Monaten und sind häufig mit Auslandsaufenthalten verbunden. So lernen die Berater die internationalen Bereiche des Bayer-Konzerns kennen und können interessante Kontakte mit Managern von Bayer knüpfen. Das bietet ihnen die Möglichkeit, schon nach wenigen Jahren Leitungsaufgaben zu übernehmen. Bayer Business Consulting erfüllt damit auch die Funktion der Identifizierung und Entwicklung von High Potentials für den Bayer-Konzern.

Beispiel Allianz Inhouse Consulting: Die von Allianz Inhouse Consulting begleiteten Projekte dienen nicht nur dem kurzfristigen Unternehmenserfolg, sondern zielen insbesondere auch auf die Sicherung des langfristigen Erfolgs der Allianz Deutschland AG. Dazu sind neben einer hohen Methodenkompetenz und einer präzisen Kenntnis des Versicherungsmarktes auch ein tiefes Wissen über die Strukturen und Arbeitsweisen des Konzerns erforderlich. Ob Unterstützung bei der Neuausrichtung des Vertriebs oder die Umgestaltung wesentlicher interner Prozessabläufe – Allianz Inhouse Consulting ist maßgeblich an der kulturellen und strukturellen Weiterentwicklung der Allianz beteiligt. Dabei sorgt die Größe der Allianz Deutschland AG für eine Vielfalt an Projekten, die die Consultants von Beginn bis hin zum erfolgreichen Abschluss begleiten. Zwischen sechs und zwölf Monate sind sie dabei entweder direkt am Hauptsitz in München oder an anderen Standorten in Deutschland tätig.

So variabel wie die Dauer der Projekte, so vielfältig sind die Themen und Herangehensweisen. Fixe Lösungsschablonen gibt es nicht. Ein Berater sollte daher ein breit gefächertes Portfolio an Projektmethoden in seinem Repertoire haben.

3.17.7 Steuerberater

Der Wettbewerb auf dem Markt für Steuerberatungsdienstleistungen nimmt zu. Trotzdem werden der Berufsgruppe durchweg gute Arbeitsmarktaussichten attestiert. Die Zahl der angestellten Steuerberater ist in den vergangenen Jahren stetig gewachsen und sogar im Krisenjahr 2009 wurden Fachkräfte eingestellt. Viele Starter üben den Beruf zunächst als Angestellte aus, um für eine spätere Selbstständigkeit Erfahrungen zu sammeln. Besonders beliebte Arbeitgeber sind die sogenannten **„Big Four"** – die vier größten Wirtschaftsprüfergesellschaften weltweit: Die Unternehmen Deloitte, PricewaterhouseCoopers (PwC), Ernst & Young (E&Y) und KPMG. Sie dominieren den Markt der Beratungsdienstleistungen. Die überwiegende Mehrheit der börsennotierten Kapitalgesellschaften weltweit werden von den Big Four geprüft und beraten. Dementsprechend hoch ist die Zahl der Bewerber und es ist schwierig, sich hier zu behaupten bzw. durchzusetzen.

Die beliebtesten Arbeitgeber der Wirtschaftswissenschftler weltweit (2014)

Platz	Unternehmen	
1	Google	Google
2	Ernst & Young	EY
3	PwC	pwc
4	KPMG	KPMG
5	Deloitte	Deloitte.

Quelle: Universum Communications

Daher lohnt auch ein Blick in die zweite Reihe der Prüfungsgesellschaften. Diese sogenannten „Second Tier Gesellschaften" ähneln den Big Four: Auch sie bieten Dienstleistungen aus den Bereichen Wirtschaftsprüfung, Steuer- sowie Unternehmensberatung. Mehrheitlich konzentrieren sich die Second Tier Gesellschaften aber nicht auf die DAX-Unternehmen, sondern beraten den Mittelstand. Durch enge, persönliche Kontakte zu den Mandanten sowie räumliche Nähe und Preisvorteile können sie sich meist von den Big Four abheben. Für Hochschulabsolventen eröffnen sich hier manchmal interessantere Perspektiven als bei den großen Unternehmen.

Darüber hinaus gibt es viele mittelständische und kleine Steuerberatungsgesellschaften, die lokal und regional agieren. Meist sind sie unabhängig und inhabergeführt. Um trotzdem eine große Bandbreite an Branchen- und Spezialwissen anbieten zu können, haben sie sich zu Netzwerken zusammengeschlossen. Die in Deutschland tätigen Netzwerke sind keineswegs klein. Zu den zehn größten zählen unter anderem Nexia International in Bonn, die Grant Thornton GmbH und RSM in Berlin sowie Moore Stephens und PKF in Hamburg. Auch hier werden Millionen umgesetzt. Hochschulabsolventen, die nicht bei einer großen Wirtschaftsprüfungsgesellschaft anheuern möchten, haben daher bei regionalen und weitreichend vernetzten Gesellschaften gute Chancen.

Die Zahl der Steuerberater ist nach Auskunft der Bundessteuerberaterkammer 2014 auf 93.950 gestiegen. Die Mehrzahl der Praxen werden als Einzelpraxen geführt, auch Sozitäten und Kooperationen mit Wirtschaftsprüfern und Rechtsanwälten sind üblich.

Neben dem klassischen Betätigungsfeld gibt es für Steuerberater auch **in der gewerblichen Wirtschaft** Arbeit, etwa in Banken, Versicherungen oder Fachabteilungen für Rechnungs- und Finanzwesen von Industriebetrieben, aber auch in Fachbuchverlagen.

Die größten StB- & WP-Gesellschaften Deutschlands

Platz	Unternehmen	Umsatz 2013*
1	PwC	1,52 Mrd.
2	KPMG	1,33 Mrd.
3	Ernst & Young	1,27 Mrd.
4	Deloitte	682 Mio.
5	BDO	195 Mio.
6	Rödl & Partner	161 Mio.
7	Ebner Stolz Gruppe	150 Mio.
8	Rölfs RP	94 Mio.
9	Warth & Klein Grant Thornton	84 Mio.
10	Roever Broenner Susat	75 Mio.

Quelle: Lünendonk, Stand: Juni 2014   * Umsatz teilweise geschätzt

Der Zugang zum Beruf ist streng geregelt, die Steuerberaterprüfung ist aufgrund ihrer hohen Durchfallquoten gefürchtet. Doch sie ist nötig: Steuerberater sind Personen mit besonderer Vertrauensstellung und mit einem Beruf, der höchstes Wissen verlangt. Der Weg zum Beruf Steuerberater ist lang und aufwendig, wie das unten stehende Schaubild zeigt:

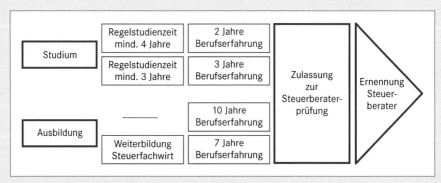

Quelle: beruf-steuerberater.de

Drei Wege können eingeschlagen werden:

- Ausbildung zum Steuerfachangestellten
- Vollzeitstudium Bachelor (z. B. BWL, VWL oder Jura)
- Duales Studium (z. B. BWL/Steuerwesen)

Steuerfachangestellte müssen zehn Jahre Berufserfahrung sammeln, bevor sie zur Steuerberaterprüfung zugelassen werden. Die Weiterbildung zum Steuerfachwirt verkürzt diese
Zeit, ebenso wie ein berufsbegleitendes Studium bzw. Fernstudium. Studenten können
mit dem Bachelor ins Berufsleben einsteigen und müssen dann drei Jahre Berufstätigkeit
vorweisen. Oder sie machen noch einen Master, dann können sie bereits nach zwei Jahren
die Prüfung angehen. Auf die Prüflinge kommen viele Monate mit sehr intensiver Lernar-
beit zu. Bevor man sich nach bestandener Steuerberaterprüfung offiziell „Steuerberater"
nennen darf, muss erst ein sogenanntes Bestellungsverfahren durchgeführt werden. Dafür wird bei der zuständigen Steuerberaterkammer ein entsprechender Antrag gestellt
und dann, falls alles ordnungs- und fristgerecht eingegangen ist, wird man zu einem von
der Steuerberaterkammer festgelegten Termin zum Steuerberater bestellt.

3.17.8 Wirtschaftsprüfer

Der Arbeitsmarkt im Bereich der Wirtschaftsprüfung ist relativ übersichtlich und wenig
zersplittert. Die Wirtschaftsprüfung ist ein **Milliardenmarkt**, der sich allerdings auf wenige große Unternehmen verteilt. Die vier oben bereits genannten Gesellschaften (Big Four)
machen den Großteil der Einnahmen unter sich aus. Nachdem in den Krisenzeiten der
vergangenen Jahre viele Gesellschaften vorsichtiger bei der Rekrutierung neuer Mitarbeiter waren, läuft die **Jobmaschine Wirtschaftsprüfung** nun wieder auf Hochtouren. Ein
Großteil der Unternehmen bestätigte, in diesem und den nächsten Jahren neue Arbeitsplätze schaffen zu wollen. Vor allem gesucht werden Universitätsabsolventen aus den
Wirtschaftswissenschaften, wie den Studiengängen BWL, Wirtschaftsrecht oder aus spezialisierten Studiengängen wie „Auditing & Taxation". Generell ist der Bedarf an neuen
Mitarbeitern in der Wirtschaftsprüfung recht hoch, verglichen mit anderen Branchen, da
die Fluktuation zwischen 10–20 % liegt. Dies hat mehrere Gründe, wie:

- Berufseinsteiger entscheiden sich nach einer gewissen Zeit auszusteigen und z. B. eine
  eigene Idee zu verfolgen oder in einer anderen Branche neu zu beginnen
- Erfahrene Kollegen werden von Banken, Industrie und vielen anderen Unternehmen um-
  und abgeworben
- Um auf der Karriereleiter schneller empor zu steigen, wechseln junge und erfahrene
  Mitarbeiter zwischen den verschiedenen Gesellschaften

Da sich Wirtschaftsprüfungsgesellschaften auf die Fahnen geschrieben haben, nur die
Besten einzustellen, sind ihre Bemühungen darum, sich als **Top-Arbeitgeber** zu positionieren, groß. Das gelingt den Unternehmen sehr gut, wie man beim Blick auf Arbeitgeber-

Rankings sieht. Nicht nur weltweit, auch in Deutschland finden sich die großen WP-Gesellschaften in den Rankings der beliebtesten Arbeitgeber im oberen Drittel wieder.

Die Dominanz der vier bereits genannten Wirtschaftsprüfergesellschaften ist enorm, wenn man sich beispielsweise den deutschen Markt anschaut. Laut Handelsblatt sind gut 80 % der 160 größten deutschen Aktiengesellschaften Kunden von PwC, KPMG, D&T und E&Y. Das bedeutet einen Umsatz von rund 4,4 Mrd. Euro. In den vergangenen Jahren hat der Anteil der Big Four am Gesamtmarkt stets zugenommen. Die Gründe dafür liegen zum einen darin, dass die global agierenden Kunden ebenfalls international erfahrene Gesellschaften mit der Prüfung beauftragen. Zudem erhoffen sich die Auftraggeber auch, dass der Prüfung durch eine renommierte Gesellschaft mehr vertraut wird als der einer kleinen, weniger bekannten. Wie auch bei den Steuerberatungsunternehmen schließen sich kleine Prüfungsfirmen häufig in **Netzwerken** zusammen. Der Vorteil ist vor allem, dass man dadurch dennoch eine sehr große Bandbreite an Experten anbieten kann. Benötigt der Kunde für eine bestimmte Prüfung den Rat eines Spezialisten, kann dieser Spezialist über das Netzwerk aus ganz Deutschland oder teilweise sogar weltweit hinzugezogen werden. Auf diese Weise kommt es zu einem breiten Branchen- und Spezialwissen. Die in Deutschland tätigen Netzwerke sind keinesfalls klein. Anhand der folgenden Grafik kann man erkennen, dass auch hier Millionen umgesetzt werden. Für Hochschulabsolventen, die nicht bei einer der großen Wirtschaftsprüfungsgesellschaften anheuern möchten, sind daher auch regionale WP-Gesellschaften mit nationalem Netzwerk eine weitere Option.

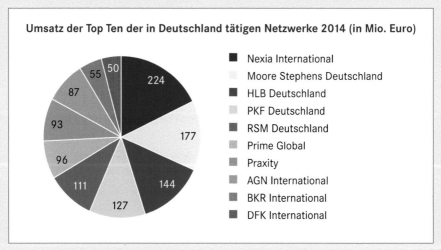

Umsatz der Top Ten der in Deutschland tätigen Netzwerke 2014 (in Mio. Euro)

- Nexia International
- Moore Stephens Deutschland
- HLB Deutschland
- PKF Deutschland
- RSM Deutschland
- Prime Global
- Praxity
- AGN International
- BKR International
- DFK International

Quelle: Lünendonk, Stand: Mai 2014

3.18 Werbewirtschaft

„Neben klassischen Werbeberufen vor allem Digitalexperten gefragt."

Interview mit Manfred Parteina, Hauptgeschäftsführer des Zentralverbandes der deutschen Werbewirtschaft ZAW, Berlin

Wie fällt der Ausblick der Branche auf 2015 aus?

Der ZAW geht von einer positiven Entwicklung der Werbewirtschaft für 2015 aus – so die Politik die kommerzielle Kommunikation nicht durch weitere Restriktionen ausbremst oder unvorhersehbare konjunkturelle Einbrüche aufgrund der geopolitischen Lage stattfinden. Aktuell haben wir in Deutschland rund 25 Mrd. Euro an Investitionen in Werbung.

Die Kommunikations-, Werbe- und Medienbranche ist im – digitalen - Umbruch. Wie wirkt sich das auf den Arbeitsmarkt in Agenturen, Werbe- und Marketingabteilungen aus?

Der ZAW veröffentlicht jedes Jahr seine Stellenangebotsanalyse. Danach sind 2014 neben den klassischen Werbeberufen wie Art Director oder Kontakter vor allem Digitalexperten verstärkt nachgefragt, so z. B. Social Media Manager oder SEA-Manager. Auch für 2015 erwarten wir eine weiter deutliche Nachfrage für Experten im Bereich Digital sowie Mobile, gesucht werden diese vor allem von den Agenturen, die als Dienstleister die Wünsche der Kunden – also Unternehmen – umsetzen. Auch die Werbe- und Marketingabteilungen von Unternehmen müssen natürlich zumindest über Basiswissen in diesem Bereich verfügen, um für ihr Unternehmen die adäquate Digitalstrategie verfolgen zu können.

Wie sieht der Arbeitsmarkt 2015/2016 für Wirtschaftswissenschaftler in der Werbe-Branche aus?

Gerade für den Marketingbereich sieht es gut aus: Wir beobachten eine positive Entwicklung in unserer Stellenangebotsanalyse mit einem Plus von 12 % in dem von uns ausgewiesenen Segment „Marketing und Werbung". Für viele der Berufe in diesem Segment ist ein wirtschaftswissenschaftliches Studium Voraussetzung. Im Übrigen gibt es auch in den Agenturen eine hohe Akademikerquote, wie eine gerade veröffentliche Studie des Gesamtverbandes Kommunikationsagenturen (GWA) zeigt: 71 % der Mitarbeiter in GWA-Agenturen haben eine akademische Institution besucht, 60 % besitzen einen akademischen Abschluss.

Was sind spezielle Anforderungen an Wirtschaftswissenschaftler: mit Abschluss Bachelor, mit Abschluss Master? Was hat sich in den vergangen Jahren verändert?

Inzwischen sind beide Abschlüsse in der Wirtschaft anerkannt, denn natürlich hat es etwas Zeit gebraucht, bis die neuen Studienabschlüsse bekannt und eventuelle Vorbehalte abgelegt worden sind. Letztlich zählt neben der Qualifikation die Persönlichkeit eines Bewerbers/einer Bewerberin: Passt er oder sie ins Team, ist wissbegierig, neugierig und bereit zu lernen und sich weiterzuentwickeln? Mit dem Diplom in der Tasche ist das Lernen nicht zu Ende, on-the-job geht es jetzt erst richtig los.

3.18.1 Die Branche in Zahlen

Bisher hatte die Werbewirtschaft wenig Nachwuchssorgen. Nun steht sie vor einem Wandel wie ihn andere Branchen nur bei ihrer Suche nach Ingenieuren oder Informatikern kennen. Es fehlt an Experten, die den online-technisch bedingten Wandel der Medien für die Werbung umsetzen: Die Stellenangebote der Werbebranche sind 2014 dementsprechend um deutliche 22 % gestiegen, die Arbeitslosenzahlen leicht gesunken. Dabei werden Digitalfachleute händeringend gesucht, gleichzeitig bleiben klassische Werbeberufe wie Art Director oder Kontakter ebenfalls gefragt, so das Fazit der Arbeitsmarktanalyse des Zentralverbands der deutschen Werbewirtschaft ZAW. Für 2015 erwartet der Dachverband, parallel zur positiven Konjunkturentwicklung, eine weiter deutliche Nachfrage nach Werbefachleuten.

Stellenangebote für Werbeberufe 2014

Berufsbereich	2013	2014	Veränderung	Werbende Firmen	Medien	Werbeagenturen
Marketing und Werbung	499	559	+ 12 %	34	35	490
Art-Direktoren	286	389	+ 36 %	2	3	384
Mediaexperten	259	302	+ 17 %	23	103	176
Kontakter	186	237	+ 27 %	1	7	229
Texter	242	231	-5 %	7	2	222
Auszubildende/ Trainees	121	202	+ 67 %	1	5	196
Grafiker/Mediendesigner	160	189	+ 18 %	17	5	167
Werbeproduktion	123	159	+ 29 %	6	2	151
Anzeigenfachleute	98	121	+ 23 %	9	89	23
Werbefachleute	100	121	+ 21 %	17	41	63
Back Office	12	68	- *	-	3	65
Werbeleiter	30	18	-40 %	7	9	2

Berufsbereich	2013	2014	Verände-rung	Werbende Firmen	Medien	Werbe-agenturen
Gestalter visuelles Marketing	7	11	+ 57 %	10	-	1
Geschäftsführung	5	6	+ 20 %	-	2	4
Marktforscher	0	1	-	-	1	-
Praktikanten	921	1.110	+ 21 %	6	141	963
Gesamt	**3.049**	**3.724**	**+ 22 %**	**140**	**448**	**3.136**

* Bis 2013 nur Sekretariat/Assistenz, ab 2014 auch Systemadministratoren, Sachbearbeiter, Controller, Buchhalter u.a.; mit Vorjahr nicht vergleichbar
Quelle: Zentralverband der deutschen Werbewirtschaft ZAW

Die Zahl der Arbeitsplätze in der kommerziellen Kommunikation veränderte sich 2014 kaum, der Grund hierfür: Während die Mitarbeiterzahl im Agenturbereich und der Digital-wirtschaft weiter stieg, sank sie in der Druckindustrie. 2014 lag die Gesamtzahl bei 900.500 Arbeitsplätzen in der kommerziellen Kommunikation.

3.18.2 Ausblick auf ... die Werbewirtschaft

Der intermediäre Wettbewerb um Werbeetats nimmt zu, also die Konkurrenz der Medien-gattungen Print, TV, Radio und Online um Werbegelder aus den Bereichen Markenartikel, Handel oder Dienstleistungen. Je stärker Werbeberatung, Etatbetreuung oder Mediapla-nung ihre Effizienz nachweisen müssen, desto mehr ist wirtschaftswissenschaftliches Know-how gefragt.

Der Nachweis von Werbewirkung und Effizienz ist besonders für TV und Print eine zent-rale Aufgabe. Hier haben sie gegenüber Online-Medien Nachholbedarf. Diese haben es leichter, die quantitative Nutzung durch Klickzahlen und Performance-Modelle nachzu-weisen. Gefragt sind Markt- und Meinungsforscher sowie Kreative mit wirtschaftswis-senschaftlicher Expertise, die die Erfolgschancen neuer, traditioneller und vernetzter Werbeformen ermitteln. Werbungtreibende wie Medienunternehmen suchen Werbeex-perten, die Effizienz und Effektivität herleiten und die Wirkung der Werbung kalkulieren können – bei fortschreitendem Zusammenwachsen (Konvergenz) und Individualisierung bzw. Fragmentierung der Medien.

Denn die Werbung nutzt nicht mehr nur einen Kanal, um Konsumenten zu erreichen. Sie spielt das Motiv des TV-Spots oder der Anzeige auf verschiedenen Plattformen: mobil, auf dem Tablet, in der Smart-TV-App, auf dem Smartphone. Bei all diesen Kommunika-tionstechniken zählt der Inhalt (Content), aber auch und mehr noch: Die Refinanzierung der (redaktionellen) Inhalte. Hier stellt sich eine der Schlüsselfragen im Rahmen der Transformation der Medien, also des zunehmenden Ersatzes konventioneller Medien-Plattformen und Verbreitungskanäle (u.a. Print) durch individuell nutzbare Angebote im Internet. Die früher mögliche „massenhafte" Verbreitung erlaubte, große Zahlen von Rezipienten als Zielgruppe auch der Werbung zu erreichen. TV-Programme werden durch TV-Spots refinanziert, Anzeigenumsätze bilden neben den Erlösen aus dem Verkauf einer Zeitschrift (Vertrieb) die zweite Säule der Ökonomie von Zeitschriften oder Zeitungen. Es kommt darauf an, die für ein Produkt relevante Zielgruppe möglichst trennscharf auszu-machen und anzusprechen – ohne Zuschauer oder Leser ohne grundsätzliches Interesse an einem Produkt werblich anzusprechen. Effektive Werbung erreicht also die Zielgruppe ohne große Streuverluste. Für Werbung werden die wirtschaftswissenschaftlich zu be-messenden Parameter der Effizienz und der Effektivität immer wichtiger.

3.19 Steuerberatung und Wirtschaftsprüfung

„Der Bedarf an gut qualifiziertem Berufsnachwuchs besteht unge-brochen."

Interview mit StB/WP Harald Elster, Präsident des Deutschen Steuerberaterverbandes e.V. (DStV), Verband der steuerberaten-den und wirtschaftsprüfenden Berufe, Berlin

Wie sieht der Arbeitsmarkt 2015/2016 für Wirtschaftswissenschaftler in der Branche Steuerberater/Wirtschaftsprüfer aus?

Die Zahl der Steuerberater und Wirtschaftsprüfer steigt seit Jahren an. Gleichwohl sind die steuerberatenden und prüfenden Berufe für Wirtschaftswissenschaftler trotz eines gewis-sen Wettbewerbs nach wie vor sehr attraktiv. Von einer Marktsättigung kann keineswegs gesprochen werden. Nicht zuletzt aufgrund der Schnelllebigkeit und zunehmenden Kom-plexität des Steuerrechts ist der Bedarf an qualifizierter Unterstützung weiterhin sehr hoch. Gleiches gilt im Bereich der Rechnungslegung. Bereits aus diesem Grund gelten die steuerberatenden und wirtschaftsprüfenden Berufe als äußerst krisensicher. Steuerbera-ter sind tendenziell nur selten von Arbeitslosigkeit betroffen. Solange der Staat nicht dar-auf verzichtet, die zu seiner Aufgabenerfüllung erforderlichen Finanzmittel durch die Erhe-bung von Steuern zu decken – wovon keinesfalls auszugehen ist –, wird der Sachverstand und die qualifizierte Beratung durch Steuerberater auch weiterhin gefragt sein.

Gleiches gilt für Wirtschaftsprüfer. Denn mittelgroße und große Unternehmen müssen ih-re Jahresabschlüsse unabhängig von Krisen- oder Wachstumsphasen prüfen und testieren lassen. Darüber hinaus sind Steuerberater und Wirtschaftsprüfer auch als Gutachter und

Unternehmensberater gefragt – mit weiter steigender Tendenz. Auch besteht die Möglichkeit, wie in kaum einer anderen Branche, in die Selbständigkeit als Partner oder Kanzleiinhaber zu kommen. Ältere Berufsträger suchen engagierte Nachfolger, die die Bereitschaft zur Verantwortung und Führung einer Kanzlei haben. Schließlich besteht nach einigen Jahren Berufserfahrung in der Steuerberatung bzw. Wirtschaftsprüfung die Möglichkeit, selbst auf die Unternehmensseite zu wechseln und dort entsprechende Führungsaufgaben zu übernehmen.

Wie wirkt sich die wirtschaftliche Lage generell auf die Branche aus?

Ebenso wie in anderen Branchen wirkt sich eine gute wirtschaftliche Gesamtsituation selbstverständlich auch im Bereich der steuerberatenden und prüfenden Berufe positiv aus. Dies zeigt der nach wie vor hohe Bedarf an einem gut qualifizierten Berufsnachwuchs. Wer sich heute für den Beruf des Steuerberaters oder Wirtschaftsprüfers entscheidet, trifft mit Sicherheit eine gute Wahl. Zu erwarten ist, dass sich der Beratungsbedarf auf Grund der Globalisierung der Märkte weiter verändern wird. Steuerberater werden zunehmend auch im Bereich des internationalen Steuerrechts oder des Transaktionssteuerrechts gefordert sein. Auch werden Kenntnisse über internationale Rechnungslegungsvorschriften eine größere Rolle spielen. Das gilt auch für Wirtschaftsprüfer. Unternehmer und Anteilseigner erwarten zudem, dass nicht nur einmal jährlich über Umsatzzahlen berichtet wird, sondern bereits in kürzeren zeitlichen Abständen zum Geschäftsverlauf und zu möglichen Gewinnaussichten Stellung genommen wird. Insoweit ist die Branche in gewissem Maße auch unabhängig von wirtschaftlichen Entwicklungen und Erwartungen. Außerdem spielt gerade in wirtschaftlich guten Zeiten die Prüfung von Unternehmensgründungen und -übernahmen eine große Rolle.

Was sind Anforderungen an Wirtschaftswissenschaftler mit Abschluss Bachelor bzw. mit Abschluss Master?

Auf Grund der hohen Anforderungen, die an den Beruf gestellt werden, nimmt die Zahl der akademisch in einem betriebswirtschaftlichen oder juristischen Studium ausgebildeten Steuerberater stetig zu. Wer sich für die Steuerberaterprüfung anmelden möchte, muss allerdings zusätzlich auch praktische Berufserfahrungen nachweisen. Die Dauer der praktischen Tätigkeit hängt für Absolventen eines Hochschulstudiums von der Länge der Studienzeit ab. Beträgt die Regelstudienzeit mindestens vier Jahre, ist eine zweijährige, bei einer kürzeren Studienzeit eine dreijährige Tätigkeit nachzuweisen. Wurde im Studium zunächst ein Bachelor-Abschluss und in einem weiteren Studium sodann ein Master-Abschluss erworben, werden die Regelstudienzeiten der beiden Studiengänge zusammengerechnet und auch solche Zeiten als praktische Tätigkeit berücksichtigt, die nach dem ersten Abschluss absolviert wurden.

Der traditionelle Zugangsweg zum Beruf des Wirtschaftsprüfers führt über ein Hochschulstudium und eine mindestens dreijährige Berufspraxis, die sich bei einer Regelstudienzeit von weniger als acht Semestern auf vier Jahre verlängert. Mit dem Wirtschaftsprüfungsex-amens-Reformgesetz wurden außerdem die Voraussetzungen für besondere zweijährige Master-Studiengänge geschaffen, die zielgerichtet und praxisorientiert mit Blick auf eine Tätigkeit als Wirtschaftsprüfer ausbilden. Zugangsvoraussetzungen sind in der Regel ein Bachelor-Abschluss der Betriebswirtschaftslehre sowie eine mindestens einjährige Be-rufspraxis in der Wirtschaftsprüfung und das Bestehen einer besonderen Zugangsprü-fung.

3.19.1. Die Branche in Zahlen

Laut Berufsstatistik der Bundessteuerberaterkammer (BStBK) gibt es heute in Deutsch-land 84.206 Steuerberater und Steuerbevollmächtigte (Stand 1.1.2015). Der steuerbera-tende Beruf ist ebenso wie viele andere Branchen längst keine Männerdomäne mehr. Die Zahl der Frauen in diesem Beruf nimmt ständig zu. Rund ein Drittel der Berufsangehörigen sind weiblich. Das Verhältnis wird sich in den kommenden Jahren weiter angleichen, denn die Absolventenzahlen der Steuerberaterprüfung belegen, dass der Anteil der Frauen auch hier kontinuierlich ansteigt. Auch die Zahl der Wirtschaftsprüfer erhöht sich jährlich und beläuft sich nach der aktuellen Berufsstatistik der Wirtschaftsprüferkammer (WPK) der-zeit auf 14.407 Berufsangehörige (Stand 1.1.2015). Auch hier nimmt der Anteil der Frauen stetig zu.

Anzahl der Steuerberater und Steuerberatungsgesellschaften in Deutschland

Jahr	StBGes.	StBv	StB	StB + StBv	Einwohner je StB**
1961	190		4.761*	4.761	
1970	317		25.680*	25.680	
1980	1.319		37.402*	37.402	1.589
1990	3.901	5.145	39.997	45.142	1.610
1991	4.059	4.969	40.927	45.896	
1992	4.358	6.208	42.631	48.839	
1993	4.539	6.012	43.939	49.951	
1994	4.680	5.813	45.644	51.457	
1995	4.877	5.440	47.067	52.507	
1996	5.015	5.093	49.525	54.618	
1997	5.206	4.677	51.217	55.894	
1998	5.413	4.000	53.153	57.193	

Jahr	StBGes.	StBv	StB	StB + StBv	Einwohner je StB**
1999	5.748	3.833	55.702	59.535	
2000	6.056	3.626	57.806	61.432	1.211
2001	6.257	3.475	59.702	63.177	
2002	6.436	3.332	60.999	64.331	
2003	6.607	3.185	63.733	66.918	
2004	6.745	3.057	65.282	68.339	
2005	6.932	2.921	66.747	69.668	1.071
2006	7.129	2.775	68.781	71.556	
2007	7.364	3.071***	69.598	72.669	
2008	7.563	2.947***	70.927	73.874	
2009	7.870	2.845***	73.354	76.199	1.048#
2010	8.169	2.777***	75.333	78.110	
2011	8.416	2.670***	77.243	79.913	
2012	8.655	2.590***	78.654	81.244	
2013	8.858	2.505***	79.885	82.390	
2014	9.039	2.423***	80.946	83.369	

* Steuerberatungsgesellschaft (StBges) Steuerbevollmächtigte (StBv) und Steuerberater (StB)
** Quelle: NWB SteuerberaterMagazin
*** Incl. sonstiger Personen nach § 74 II StBerG
\# SteuerExtra-Ermittlung auf Datenbasis des Statistischen Bundesamtes mit Stand 1.3.2009
Quelle: steuerextra.de, Deutscher Steuerberaterverband: Geschäftsbericht 2002, Bundessteuerberaterkammer für 1961–1980, 2003–2014)

Rund 22 % der Steuerberater sind heute älter als 60 Jahre, bei den Wirtschaftsprüfern sind es sogar 25 %. Auch wenn das gesetzliche Renteneintrittsalter zumindest für die selbstständig Tätigen nicht bindend ist, zeigen diese Zahlen, dass in den nächsten zehn Jahren voraussichtlich ein Viertel der Steuerberater und Wirtschaftsprüfer nach und nach in den verdienten Ruhestand eintreten wird. Hier bieten sich Chancen für die heutigen Berufseinsteiger, als Kanzleinachfolger in die Selbstständigkeit zu starten.

3.19.2. Ausblick

Steuerberater und Wirtschaftsprüfer sind nach wie vor im Bereich ihrer Kernkompetenzen, d. h. ihrer klassischen Aufgaben wie der betriebswirtschaftlichen, der steuerlichen Beratung bzw. der Abschlussprüfung gefragt. Gleichwohl sind die Berufsbilder in der heutigen Praxis erheblich breiter ausgestaltet. In dem Umfang, in dem etwa Steuerberater mit der Buchhaltung des Mandanten Zugriff auf detaillierte Wirtschaftsdaten haben, ergeben sich für sie neben den standardisierten Leistungen wie Finanz- und Lohnbuchhaltung und Einkommensteuererklärungen zugleich auch Möglichkeiten zur Optimierung bestehender und zur Erschließung neuer Geschäftsfelder. Sie werden damit zu kompetenten Partnern in Fragen der Existenz- und Zukunftssicherung. Steuerberater und auch Wirtschaftsprüfer bieten den Unternehmen damit als qualifizierte Wegbegleiter die notwendige Unterstützung bei betriebswirtschaftlichen, gesellschaftsrechtlichen und in der allgemeinen betrieblichen Entwicklung liegenden Fragestellungen.

4

DIE WICHTIGSTEN DOS & DON'TS FÜR IHRE BEWERBUNGSSTRATEGIE

Bewerbungsstrategie

Dos:

- Versuchen Sie Ihre eigenen Stärken und Schwächen so objektiv wie möglich zu erkennen.
- Erstellen Sie Ihr berufliches Profil kurz und prägnant.
- Formulieren Sie ein berufliches Ziel.
- Finden Sie Unternehmen, die genau Ihr Leistungsprofil brauchen.
- Betreiben Sie geschicktes Marketing in eigener Sache.
- Bauen Sie berufliche Netzwerke auf und pflegen Sie diese.
- Planen Sie Ihre Karriere kurz-, mittel- und langfristig.
- Steigern Sie Ihren beruflichen Marktwert kontinuierlich.

Don'ts:

- Geben Sie auch bei vielen Rückschlägen keinesfalls auf und federn Sie Attacken auf Ihr Durchhaltevermögen ab.
- Lassen Sie sich nicht vom Zufall leiten – orientieren Sie sich gezielt auf dem Arbeitsmarkt.
- Denken Sie bei der Suche nach potenziellen Arbeitgebern nicht nur in klassischen Bahnen.
- Unterschätzen Sie keinesfalls die Bedeutung von Soft Skills.
- Gehen Sie nie unvorbereitet in ein AC.

Bewerbungsunterlagen

Dos:

- Gestalten Sie jede Bewerbung individuell für den jeweiligen Arbeitgeber.
- Sprechen Sie den Verantwortlichen stets namentlich direkt an.
- Kennen Sie Ihren Ansprechpartner nicht, greifen Sie zum Telefon und bringen Sie seinen Namen in Erfahrung.

- Machen Sie deutlich, was Sie kompetent macht, warum Sie leistungsmotiviert sind und dass auch Ihre Persönlichkeit gut ins Unternehmen passt.
- Senden Sie bei E-Mail-Bewerbungen alle Dokumente in einer PDF-Datei von ca. 3 MB Größe.

Don'ts:

- Unterschätzen Sie keinesfalls die Wirkung Ihres Fotos.
- Unterschätzen Sie auch nicht die Bedeutung Ihrer Unterschrift.
- Lassen Sie es bei der Zusammenstellung der Unterlagen keinesfalls an Sorgfalt mangeln.
- Verwenden Sie keine langweiligen Standardformulierungen.
- Gestalten Sie Ihre Bewerbungsunterlagen nicht achtlos oder anspruchslos.

Vorstellungsgespräch

Dos:

- Bereiten Sie sich mithilfe der Literatur gründlich auf die wichtigsten Fragen vor.
- Überlegen Sie vorher genau, was Sie auf Einwände oder schwierige Fragen antworten werden.
- Üben Sie intensiv die Formulierung eigener Botschaften.
- Beherrschen Sie die Regeln des Small Talks.
- Formulieren Sie vorher Fragen, die Sie selbst stellen wollen.

Don'ts:

- Vermeiden Sie Kleidung, die nicht zur ausgeschriebenen Stelle passt.
- Treten Sie die Anreise nicht ohne ordentliche Planung an – und gehen Sie nicht leichtfertig von staufreien Straßen oder pünktlichen Zügen aus.
- Lassen Sie die Wirkung und Aussagefähigkeit von Körpersprache und Körperhaltung nicht außer Acht.
- Unterschätzen Sie nicht den Sympathie-Faktor.
- Beginnen Sie das Gespräch nicht mit der Gehaltsverhandlung oder Fragen zu den Urlaubstagen.

Gehaltsverhandlung

Dos:

- Recherchieren Sie Ihren eigenen Marktwert.
- Erarbeiten Sie überzeugende Argumente und Belege für die eigene Leistungsfähigkeit.
- Lernen Sie vorher, die Regeln der Verhandlungskunst praktisch umzusetzen.

- Reagieren Sie individuell auf die Angebote des Arbeitgebers.
- Sprechen Sie mit dem Gesprächspartner klar und konkret über Ihre eigenen Wünsche und Anliegen.

Don'ts:

- Lassen Sie bei der Verhandlung kein Unterlegenheitsgefühl oder mangelndes Selbstbewusstsein aufkommen.
- Verderben Sie Ihre Erfolgsaussichten nicht durch unzureichende Vorbereitung.
- Halten Sie nicht zu dogmatisch an bestimmten Forderungen fest.
- Unterbrechen Sie den Gesprächspartner nicht.
- Lassen Sie keine Ungeduld erkennen.
- Lassen Sie die Zeichen und Botschaften der Körpersprache nicht außer Acht.

Die ersten 100 Tage im Job

Dos:

- Orientieren Sie sich an der Firmenphilosophie.
- Zeigen Sie sich in fachlicher und menschlicher Hinsicht lernbereit.
- Holen Sie fehlende Informationen gezielt ein.
- Zeigen Sie auch Ihre menschliche, freundlich offene Seite.
- Gehen Sie auf Ihre neuen Kollegen offen zu und stellen Sie sich den Mitarbeitern unaufgefordert vor.

Don'ts:

- Weichen Sie nicht zu sehr von den allgemein akzeptierten Umgangsformen ab.
- Vermeiden Sie verbales Imponiergehabe.
- Gehen Sie nicht unvorbereitet in Meetings.
- Vermeiden Sie aufdringliches Besserwissergehabe.
- Rechtfertigen Sie nicht krampfhaft Fehler, die Sie zu verantworten haben.

Hesse/Schrader – Büro für Berufsstrategie ist ein bekanntes Karriereberatungs- und Seminarunternehmen. Langjährige Berufspraxis, 7 Mio. verkaufte Bücher, jährlich über 500 Seminare sowie über 2.000 Einzelklienten sprechen für eine umfassende Kompetenz und Erfahrung.

www.hesseschrader.com

www.facebook.com/hesseschrader

Über die Autoren

Dr. Hergen Riedel

ist seit 2001 freiberuflicher Autor für Bücher, Zeitungen und Zeitschriften sowie als PR-Berater und Pressesprecher für Non-Profit-Organisationen tätig. Zuvor war er u. a. Leiter des Medienressorts der Fachzeitschrift *Text Intern*, Redakteur der Wirtschaftszeitung *New Business* und Texter in zwei Werbeagenturen. Er beendete sein Studium der Publizistik, Germanistik, Politik und Soziologie an der Westfälischen Wilhelms-Universität zu Münster mit einer anwendungsorientierten Dissertation zum Thema „Wie wirken Medien?".

Kontakt: drhhriedel@aol.com, www.pressekontor-riedel.de

Elke Pohl

startete ihre berufliche Karriere nach dem Journalistikstudium bei der Berliner Tageszeitung *Junge Welt*, wechselte dann als Redakteurin in die Lokalredaktion Bernau der heutigen *Märkischen Oderzeitung* und nach einigen Jahren in den damaligen Berliner Verlag *Die Wirtschaft* (heute Huss-Verlag). 1990 entstand das erste Ratgeberbuch *Rückkehr in den Beruf*. Nach einigen Jahren Presse- und Marketingtätigkeit – u. a. bei der Allianz Versicherung in Berlin – wechselte sie 1999 in die berufliche Selbstständigkeit mit den Schwerpunktthemen „Beruf und Karriere" sowie „Verbraucherrecht". Seitdem verfasste sie etwa 35 Ratgeberbücher für verschiedene renommierte Verlage und arbeitet an verschiedenen Fach- und Publikumsmagazinen sowie Online-Portalen mit.

Homepage: www.elke-pohl-medienservice.de

Beitragsautoren

Volker E. Zwick

ist freier Journalist und Buchautor. Zusammen mit seiner Frau betreibt er seit 18 Jahren ein Redaktionsbüro und bietet Dienstleistungen für Verlage und Firmen rund um die Bereiche Redaktion und Layout an. Zudem betreut Volker Zwick diverse Fachzeitschriften als Chefredakteur. Schwerpunktthemen sind u. a. EDV, Internet, Finanzwirtschaft, Gastronomie, Industrie und Karriere.

Kontakt: www.redaktionsbuero-zwick.de

Carmen Mausbach (Dipl.-Kffr.)

ist freie Wirtschaftsjournalistin und Buchautorin. Sie ist derzeit tätig für den Deutschen Sparkassenverlag, den Springer Gabler Verlag, den Erich Schmidt Verlag, den NWB Verlag und den Fachverlag der Verlagsgruppe Handelsblatt sowie redaktionelle Mitarbeiterin im BuS-Netzwerk für betriebswirtschaftliche und steuerliche Fachinformationen. Zudem veröffentlicht sie seit 2009 Beiträge in der ISM-Schriftenreihe „Jahrbuch Accounting,

Taxation & Law (ATL)". Ihr Studium an der Universität zu Köln absolvierte sie mit den Schwerpunkten Bankbetriebslehre, Betriebswirtschaftliche Finanzierungslehre und Steuerrecht.

Kontakt: c.mausbach@online.de

Dunja Reulein

studierte Betriebswirtschaftslehre (Abschluss Diplom-Kauffrau) in Erlangen-Nürnberg mit den Schwerpunkten Marketing, Auslandswissenschaft, Englisch und Betriebs- und Wirtschaftspsychologie, danach Ausbildung zur Fachzeitschriftenredakteurin. Seit 14 Jahren ist sie für die unterschiedlichsten Verlage und Autoren als freiberufliche Lektorin tätig.

Kontakt: Telefon: 0 89/74 79 05 31, E-Mail: dunjareulein@t-online.de

Hesse/Schrader – Büro für Berufsstrategie

Hesse/Schrader – Büro für Berufsstrategie ist ein bekanntes Karriereberatungs- und Seminarunternehmen.

Bereits seit 1992 bieten die Karriere-Coaches und Trainer des Büros individuelle Beratungen und Trainings aus dem gesamten Themengebiet „Job und Karriere" an. Sie entwickeln erfolgreiche Strategien in Orientierungs- und Veränderungsphasen und beraten kompetent in allen Bewerbungsprozessen. Zur Stärkung sozialer Kompetenzen, zur Erreichung persönlich definierter Ziele und zur Bewältigung von Konfliktsituationen am Arbeitsplatz bieten sie bundesweit – in Berlin, Frankfurt/Main, Stuttgart, Hamburg und München – prozessbegleitendes Coaching an. Langjährige Berufspraxis, mehrere Mio. verkaufte Bücher, jährlich über 500 Seminare sowie über 2.000 Einzelklienten sprechen für eine umfassende Kompetenz und Erfahrung.

Hesse/Schrader – Büro für Berufsstrategie
Oranienburger Straße 5
10178 Berlin
Tel. 030 288857-0
info@hesseschrader.com
www.hesseschrader.com
www.facebook.com/hesseschrader
www.twitter.com/hesseschrader

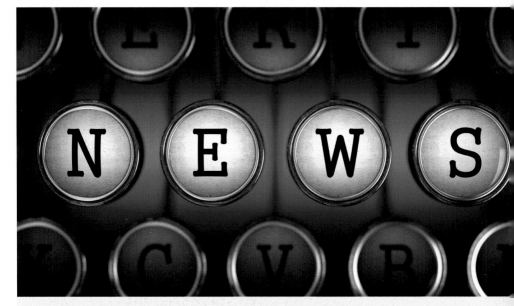

 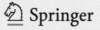

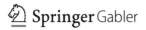

Printed in the United States
By Bookmasters